いまさら聞けない
キリスト教のおバカ質問

橋爪大三郎

文春新書

1353

Idiot's Questions On Christianity

by

Daisaburo HASHIZUME

BUNGEISHUNJU Ltd. Japan 2022:04

まえがき

質問は、大事です。

質問は、答えより大事です。（知ってましたか？）

質問があれば、答えがみつかる。（たぶん。）

質問がないと、答えがみつからない。（ぜったいに。）

質問があって、答えがみつからないことがある。（よくある。）

質問があって、答えがみつからないなら、その問題を考え続けることができる。これがとっても、大事なんです。

まず、質問しよう

動物は、質問することができない。だから、ものを考えることができない。

人間は、質問することができる。だから、ものを考えることができる。

子どもは、よく質問します。質問するのが面白くて仕方がない。答えなんか、どうでもよかったりする。正しい態度です。

まず、質問しましょう。答えはあとでゆっくりみつければいいんです。

*

ところが大人は、あまり質問しません。

たいていのことは、知っていると思っている。

質問すると恥ずかしい、とか思っているひともいる。

学校では、答えをみつける練習ばかりする。しかも答えは、もう決まっている。はい、正解です。こんなことばかりやっていて、質問をみつける練習をしない。

おかげで、ものを考える習慣がなくなる。学校の困った副作用です。みんなと同じことを考えていればいいや、と安心する。

大事な問題は、答えがない

さて、いくら考えても、答えのみつからない質問がある。

実は、大事な問題ほど、答えがみつからない。(そうでしょう?)

もしかしたら、そもそも答えがないのかもしれない。

答えがみつからないと、その問題を考えるのをやめてしまう。（たいていのひとは。）だから、大事な問題ほど、ほったらかしになっている。

＊

それでも、どうしても、大事な問題の答えを知りたい場合がある。せめて、大事な問題をどう考えればいいのか、知りたいと思う。（そうでしょう？）

そんなとき、どうするか。そういう問題をずっと、考えているひとの意見を聞きます。本を読みます。世の中には、そういう問題をずっと考えているひとがいるんです。哲学とか、宗教とか。

それで答えがわかるとは限らない。でも、そのひとに質問できる。質問できるなら、半分、答えがわかったようなものなのです。

教会の出番だ

というわけで、キリスト教の出番だ。

キリスト教は、歴史が長い。およそ人間の考えそうな問題を、全部考えてきたことになっている。教会で質問すれば、なにかわかるんじゃないか。

*

ところが、教会では、みんなあんまり質問しません。（私個人の印象です。）

教会は、質問するところではなく、答えを教えてもらうところ、になっている。

大事な質問ほど、怖くて聞けないような気がする。

たとえば、「神さまはほんとにいるんですか？」みたいな。（「いるに決まってるでしょ」、と言われそうだ。）

そう思ってしまって、教会に行かないひともいるかもしれない。

とても残念です。

本書の出番だ

そこで、本書の出番だ。

この本には、あんまり基本的で、たぶん教会では聞けない「おバカ」な質問を集めました。答え（考え方）も、いちおう書いてあるけど、質問してみることのほうが大事。

「おバカ」とは、とっても基本的で、大事で、勇気ある質問のこと。なにをいまさら、と思われがちなので、敬意をこめて、「おバカ」と呼びました。「おバカ」な質問ができるのは、立派なことです。

＊

いちおう、キリスト教をめぐる質問になってます。けれども、教会に行かない、キリスト教なんか関係ないや、と思っている人びとに、実は読んでもらいたい。

人間は誰でも、人生を過ごすうちに、答えのない大事な問題にぶつかる。そんなとき、おろおろしないで、自分の考えで前に進みたい、と思う。（ですよね？）その道案内になるのが、「おバカ」質問だと思うのです。

信仰は終点ではなく、出発点

日本では、信仰は、思考停止だと思っているひとがいる。

そうではない。キリスト教の信仰は、神さまと、終わりのない対話を続けることです。答えを教えてもらって終わり、ではない。質問を続けるのです。信仰は終点ではなく、出発点なんです。

＊

キリスト教では、どんな質問をしても、神さまは怒らない。アブラハムは、神さまと論争をした。預言者モーセは、神さまと論争をした。義人のヨブも、神さまと論争をした。だから、安心して質問しましょう。

なるほど、キリスト教ではそう考えるのか、と思ってもらえれば嬉しい。

なにかの参考になるかもしれない。

ついでに、じゃあ教会にでも行ってみるか、と思うひとがいるかもしれない。（もしかして。）この本を書いた甲斐があったというものです。

いまさら聞けないキリスト教のおバカ質問◎目次

1　神さまは、いますか

Q　神さまは、ほんとうにいますか　いないのなら、キリスト教なんて、意味ないと思います

よい質問です。キリスト教の答え、その1。

神さまはいます。

神さまは、世界を造りました。太陽や月や星も、地球も、植物も動物も人間も、みんな造りました。地球もあるし、人間もいる。だから、それを造った、神さまはいます。

なるほど。地球も人間も存在する。だから、それを造った神は存在する、ですね。理屈は通っている。

でも、反論も可能です。まぜっかえし、その1。

神さまはいません。

たしかに、地球はあるし、人間はいます。でもそれは、ただ存在しているだけで、誰かに造られたわけではない。造るところを、誰もみていない。神さまがいる証拠になりません。

これも、なるほど、ですね。

＊

それならと、キリスト教の答え、その2。

神さまはいます。

ナザレにその昔、イエス・キリストが生まれました。神さまの子どもです。イエスは人びとに、神の言葉を伝えました。だから、神さまはいます。

なるほど。神さまがイエス・キリストをつかわしたのだから、神はいる、ですね。これも理屈は通っている。

でもやはり、反論が可能です。まぜっかえし、その2。

神さまはいません。

ナザレのイエスは、ふつうに両親から生まれ、活動していた人間です。神さまがいる証拠にはなりません。

聖書をていねいに読んでみると、イエスは自分で自分のことを、神（の子）と言っているわけではありません。そこで、イエスをただの人間だと考えるキリスト教の教会（ユニタリアンやクエーカー）もあります。

なんだか、水かけ論みたいになってしまいました。

＊

神さまがいるかどうか。

神がいる、という証拠はありません。誰も神さまに会うことができないからです。

神が世界を造ったのなら、その世界のなかに、神がいないのは当たり前なのです。

そこで、神がいない、という証拠もありません。何かが「存在しない」ことの証明は、すみずみまで捜して見つからないことです。でも世界をすみずみまで捜して、神がみつからなくても、当然です。子ども部屋をすみずみまで捜して、親がみつからなくても、親が存在しないことにはなりません。

神がいる、という証拠もない。神がいない、という証拠もない。証拠では、どちらとも決まらないということになります。

＊

神は、いるかいないか、どちらかです。

人間は、神がいると思うか、神がいないと思うか、どちらかです。

神がいると思っているひとは、証拠があるからそう思っているのではありません。証拠がなくても、そう思うのです。これが「信じる」です。

神がいないと思っているひとは、証拠があるからそう思っているのではありません。証拠がなくても、そう思うのです。実は、神がいないと「信じている」のです。

神がいると思っているひとに、「証拠もないのに、なぜそう思うの」と思うひとがいます。どっちもどっち、です。神がいないと思うひとも、証拠もないのにそう思っているのですから。

＊

そこでこれは、証拠の問題ではなく、自分でどう決めるかの問題です。

人間の生き方には、ふた通りあるのです。

A．神がいると思って、生きる

B．神がいないと思って、生きる

どちらがいいとか悪いとか、優れているとか劣っているとか、いちがいに言えません。

自分の生き方をそう「決めた」ことに、責任をもって生きるなら、それは立派です。

このほかに、三番目も、ないわけではありません。

C．神がいるのかいないのか、はっきりしないまま生きる

つまり、「神さまは、いますか」という質問に、自分では答えないまま、生きるのです。

それでもかまいませんが、AやBと違って、はっきりしないので、人生の大事な問題に答えられなくなるかもしれません。

*

まとめましょう。

「神さまは、いますか」この質問に答えるのに、証拠をみつけることはできません。科学も役に立ちません。科学は、証拠をみつけて考えることだからです。

この質問に答えるには、自分でどう考えるか、「決める」しかありません。

キリスト教は、そうやって、神さまがいると「決めた」人びとの集まりです。そんな人びとに向かって、「神さまは、いないよ」と言ってもムダです。「それはあなたの考えでしょう」と言われてしまいます。

*

ちなみに、キリスト教徒は、
・聖書があること
・教会があること
が、神がいるの「証拠」だと思っているかもしれません。どちらもさっきの、答え1、答え2、を言い換えたものです。

2　神さまはなぜ、世界を造りましたか

Q　神さまはなぜ、世界を造りましたか
どんな理由や目的がありましたか

これも、よい質問です。

その理由は、神さまが知っています。人間にはわかりません。

そもそも神さまは、人間の考えも及ばない存在なので、理由や目的があったとしても、人間がそれを理解できるとは限りません。

*

キリスト教では、神さまのやることには理由や目的がある、と考えます。「神の計画」です。なにか出来事が起こっても、なぜだかすぐにはわからなかったりします。あとになって、ああそうだったのか、とわかります。

神さまは、天地を造りました。この世界は、神さまが造ったから、こうして存在しています。なぜこういうふうに造ったのか。それは、人間にはよくわかりません。神さまの考えが、人間の理解を超えているのが、ひとつです。世界はまだ完成に向かって動いている途中なので、最後になってみなければわからないのが、もうひとつです。

*

とは言え、聖書のなかに、ヒントがいくつか書いてあります。

「創世記」には、六日間で世界を造るさまが書いてあります。創造が一段落するたび、神さまは仕上がりを見て、「よし」と言います。神さまの造るものは、よいものです。そして、神さまは満足しています（創世記1章）。「ヨブ記」では、神さまはヨブに、「世界を造るのはけっこう大変だったんだ」と、思い出話をします（ヨブ記38章4節―41章26節）。神さまはそれなりに、苦労したのです。

ならば、この世界は神さまの作品で、愛着もあるはずです。

＊

「ヨハネ福音書」には、「初めに言葉があった、言葉は神と共にあった、言葉は神であった」と書いてあります（ヨハネ福音書1章）。神さまは、天地を創造するときも、「光あれ」などと、言葉を使いました。

世界を創造するまで、神さまはひとりだけでしたから、言葉を交わす相手がいません。人間を創造してやっと、相手ができました。神さまは、アダムがモノをなんとよぶのか、みています（創世記2章19―20節）。そして、アダムと言葉を交わします。誰かと言葉を交わせるようになった。これが、世界を創造したあと、できるようになりました。

人間は、この世界に生きています。青い空に白い雲。食べ物を食べればおいしく、水を飲めば喉がうるおう。この世界は美しい、生きていることはすばらしい。人間がこの世界に生まれてよかったと思うのは、神がこの世界を創造したからこそ。これも、神が世界をつくった目的ではないでしょうか。

＊

神がこの世界をつくった理由の、ほんとうのところはわかりません。でも人間は、神さま、世界をつくってくれてありがとう、と思って生きていくのがふさわしいのです。

3　神さまは、男ですか、女ですか

Q　神さまは、男ですか、女ですか

よい質問です。

キリスト教では、神さまは男です。

神のことを、「天の父」といいます。「彼」ともいいます。

ならば、男性です。

キリスト教の絵画をみると、神（天の父）は、髭の生えた、年配の男性として描かれています。立派な様子で、王様のようにみえます。

イエス・キリストは、三〇代で亡くなりました。その父にちょうどふさわしい年齢に、描かれるのでしょう。

＊

というわけで、男性で決まり。

でも、別な考え方もできます。

たいていの動物は、オス／メスの違いがあります。人間なら、男／女ですね。子孫を残すための仕組みです。親が死んでも、子孫が生き残れば、種は絶えません。

人間は、男と女に造られました。アダムとイブです。そのあと、エデンの園を追放されて、死ぬことになりました。アダムとイブは結婚して、子どもをもうけました。以後、人間は、同じことを繰り返しています。ほかの動物と同じです。

男と女がいる。それは、人間が死ぬからです。

神は、死にません。永遠に生き続けます。だから、死に絶えないように、子孫を残す必要がありません。

それなら、神は、男も女もなく、中性ではないか。——これも、有力な考え方ではないかと思うのです。

*

それを裏付けることを、イエスがのべています（マルコ福音書12章18—27節）。ユダヤ教のパリサイ派は復活を信じ、サドカイ派は復活を否定していました。サドカイ派が論争を仕掛けます。ある女性が夫と死別してつぎつぎ再婚しました。もしも復活があるなら、彼女の夫は誰なのでしょう。イエスは答えます。バカだなあ。復活して神の国に入れば、人間は死なないのだから、生殖は必要なく、男も女もなくなる。天使のような存在になるのだよ。天使が中性なら、神も天の存在なのだから、中性ではないか。

*

いや、むしろ、神は女性かもしれません。

キリスト教では、神は、天地創造に先立って、神の子イエス・キリストを「生んだ」と考えます（※アタナシウス信条を参照）。この世界の存在はすべて、神が造ったモノ（被造物）です。でも神は、違います。そして、イエス・キリストも、被造物でなく、神の息子

（神そのもの）なのです。

さて、生物学では、子を生むものを、母といいます。神は、子を生んだのですから、そのはたらきから言えば「母」、つまり「女性」だと考えられないでしょうか。

でも、この側面は、キリスト教ではまったく問題にされず、「父である」の一点張りでずっとやって来ました。

＊

どうして父なのか。

イエス・キリストは神のことを、「アッバ」（父）とよんでいます。だから父、つまり男性です。

でも聖書を読むと、「アッバ」は、実際の父ではなく、先輩に対する尊称として用いられる例があります。たとえば、エリヤが昇天しようとすると、弟子のエリシャは「わが父よ」と叫びます（列王記下2章12節）。ならば、イエスは神のことを、父だからでなく、親愛なる存在として呼びかけていたのかもしれません。

というわけで、疑問は尽きません。

アメリカである教会を訪れたら、祈りの文が、「天の父よ」ではなく「天の父と母よ」

だったのでびっくりしました。聞いてみると、神は父と決まったものではないでしょう、だから「父であって母」に変えたのだ、という返事でした。聖書に手を入れるわけには行きにくいので、祈りの文を改めたのですね。

※アタナシウス信条

1. 救われたいと願う者はみな、すべてのことに先立って、公同《こうどう》の信仰を保つことが必要である。
2. この信仰を完全に、汚すことなく守るのでなければ、疑いもなく、永遠に滅びる。
3. 公同の信仰とは、唯一の神を三位《さんみ》において、三位を一体においてあがめ、
4. 位格を混同せず、本質を分離しない信仰である。
5. 父の位格、子の位格、聖霊の位格はそれぞれ異なる。
6. しかし、父と子と聖霊の神性は一《いっ》、栄光は等しく、尊厳は永遠。
7. 子と聖霊は父と同じである。
8. 父は造られたものでなく、子も造られたものでなく、聖霊も造られたものではない。
9. 父は測り知れず、子も測り知れず、聖霊も測り知れない。
10. 父は永遠、子も永遠、聖霊も永遠。

11. しかも永遠なものは、三ではなく一。
12. 造られないものが三あるのでないように、測り知れないものも三あるのではなく、造られないもの、測り知れないものはただ一。
13. 父は全能、子も全能、聖霊も全能。
14. しかも全能のものは三ではなく一。
15. このように、父は神、子も神、聖霊も神。
16. しかも、神は三ではなく一。
17. このように、父は主、子も主、聖霊も主。
18. しかも主は三ではなく一。
19. キリスト教の真理によって、それぞれの位格を、個別に神であり、主であると告白することが求められており、三神三主《さんしんさんしゅ》について語ることを、公同の信仰によって禁じられているからである。
20. 父はなにものから成ったのでも、造られたのでも、生まれたのでもない。
21. 子は父からのみ生まれたのであって、成ったのでも、造られたのでもない。
22. 聖霊は父と子から出るものであって、成ったのでも、造られたのでも、生まれたのでもない。
23. だから、父は一であって三ではなく、子も一であって三ではなく、聖霊も一であって三ではない。

24. また、この三位一体においては、どれが先でどれが後、どれが大でどれが小ということはない。

25. むしろこの三位格《いかく》はみな、ともに永遠で、同等である。さきに述べたとおり、すべてをとおして、三位が一体において、一体が三位においてあがめられるのである。

26. それゆえ、救われたいと願う者はみな、三位一体について、そのように信じなければならない。

27. さらに、われわれの主イエス・キリストの受肉《じゅにく》についても、正しく信じることが、永遠の救いのために必要である。

28. 正しい信仰とは、われわれの主イエス・キリストが神の子であって、神であり人であることを、われわれが信じ告白することである。

29. 神であるというのは、すべての世に先立って父の本質から生まれたことであり、人であるというのは、この世に母の本質から生まれたことである。

30. キリストは完全な神であり、完全な人であって、理性的な魂と人間の肉をとっていて、

31. 神性にしたがえば父と等しく、人性《じんせい》にしたがえば父より小さい。

32. 神であり人であっても、ふたりのキリストではなく、ひとりのキリスト。

33. 神性が肉に変わったからではなく、神のうちに人性をとったから、ひとりのキリスト。

34. 本質の混同によってではなく、位格が一であるから、ひとりのキリスト。

35. 理性的な魂と肉とがひとりの人となるように、神と人とがひとりのキリストになっている。
36. キリストは、われわれの救いのために苦しみを受け、よみに下り、死人の中から復活し、
37. 天に昇り、父の右に座し、そこから来て、生きている人と死んだ人とをさばく。
38. 主が来ると、すべての人はからだをもって復活し、おのおの自分の行ないについて申し開きをするのである。
39. 善を行なった人は永遠のいのちに入り、悪を行なった人は永遠の火に入る。
40. これが公同の信仰である。これを忠実に、また確実に信じる者でなければ、救われることはできない。

（西日本福音ルーテル教会事務局）

牧師さんたちの説教9選

教会の礼拝は、たいてい日曜日。目玉は牧師の説教だ。

あちこちの教会を見学して歩いて、いろいろな説教を聞いた。

アメリカの牧師はだいたい、説教がうまい。スピーチに慣れている。

その昔は巡回説教師というのがいて、野外のキャンプを説教して回った。聴衆は興奮して、叫び声を上げたり、地面を転げ回ったりして、回心（conversion）をとげた。大覚醒運動（Great Awakening）だ。

原稿を用意している牧師もいるが、棒読みしたりしない。聴衆の目をみて、自分の言葉で語りかける。聴衆は、神が語っているのだと身構えて、耳を傾ける。教会でのこうした言葉づかいのなかから、スピーチ文化が育った。アメリカの政治家のスピーチは、その応用だ。

というわけで、説教を抜きにしては、キリスト教は語れない。そこで、特に印象に残っている説教をいくつか取り上げて、紹介しよう。「コラム」のつもりで、どんなふうにスピーチしたのか想像しながら、読んでいただきたい。

【説教1】葉っぱのフレッド

最初の説教は、ユニタリアン教会の牧師の説教。私が通い始めたころの説教である。

この教会は、礼拝が始まるとすぐ、子ども向けの説教がある。子どもは出て来てね。幼稚園から小学校高学年までの子どもたちが、ぞろぞろ席を立って、説教壇の下に集まって坐る。大人も、子どもに付き添って、一緒に坐ってかまわない。

すると、係のお姉さんか牧師先生が、お話をする。絵本を読むこともある。今日の大人向けの説教と、テーマが通じている。子どもに、牧師先生がどんなお話をするのかを、親たち、大人たちが聞いているところがミソだ。大人への教育にもなっている。

お話は一〇分もしないで、すぐすむ。すると、子どもたちは、別室に移動して、年齢別にお楽しみの時間をすごす。小さな子どもがいる家庭でも、家族連れで教会の礼拝に参加しやすくなっている。

その日のお話は、「葉っぱのフレッド」だった。

丘の上に、大きな大きな木が生えていた。いつから生えていたかって？　おじいさんが

生まれたときには、もう生えていたらしい。ずっと昔から、生えていたんだね。

春になった。たくさんの若葉が、どの枝にも顔を出した。緑の若葉だ。春のきらきらした太陽のなかで、こんにちは、と雲に挨拶をしたんだよ。

日光をいっぱいに浴びて、若葉は毎日、大きくなった。緑色も、だんだん濃くなっていった。小鳥が飛んできて、枝にとまった。葉っぱたちは、小鳥とおしゃべりをして、仲良しになった。

葉っぱのフレッドも、そんな葉っぱの一枚だった。いつもニコニコして、兄弟の葉っぱとお話をした。隣りの枝の葉っぱたちとも、友達になったんだよ。

夏になった。風が吹くと、葉っぱたちは喜んでダンスをした。笑って笑って、ざわざわと音を立てた。こんな楽しい日が、いつまでも続くように思ったんだ。

やがて秋になった。日が短くなり、空気が冷たくなった。緑色だった葉っぱも、少しずつ黄色になったり、赤くなったりした。みんな服を着替えたように、きれいになった。

でも、黄色や赤を通り越して、葉っぱは茶色になりはじめた。柔らかかったのが、固くなった。そして、最初の寒い北風が吹いた日、一枚、また一枚と、風に吹かれて葉っぱがくるくると落ち始めた。

「ねえ、ボクたちはどうなるの。何が起こっているの。」フレッドは、凍えながら、隣の枝のサムに聞いた。サムは頭がよくて、もの知りで、フレッドは尊敬していたんだ。

「冬が来るのさ。冬が来るとね、ボクたちはみんな、木から落ちていくんだよ。」

「それで、どこへ行くの？」

「さあ、それはわからないな。でも昔から、そういうふうに決まっているんだよ。」

「そうなっても、ボクたちはずっと一緒だよね。」

「そうさ、ずっと一緒だとも。」

サムがそう言った瞬間、さっと北風が吹いて、サムは枝を離れ、くるくると回りながら落ちて行って、みえなくなった。

「さよーならー」

フレッドは、力の限りに叫んだが、北風にかき消されて、サムに聞こえたかどうか、わからない。

翌朝、北風がやむと、その木には一枚の葉っぱも残っていなかったんだ。

そのあとどうなったかって？

それは、冬もやがて終わって、春になるのさ。丘の上には、木がやっぱり生えている。

そして、またたくさんの若葉が顔をだすんだ。太陽は暖かな日差しを送って、鳥たちが枝にとまり、みんなで挨拶をするんだよ。

ユニタリアン教会は、キリスト教の枠を半分はみ出て、自然や宇宙のなかに大いなる生命の輝きをみる。キリスト教のリベラル派である。ちなみに牧師の名はフレッドである。

4　神さまは毎日、何をしていますか

Q　神さまは毎日、何をしていますか 退屈していませんか

神さまが毎日、何をしているか、聖書に詳しく書いてありません。

でもきっと、けっこう忙しいのです。

聖書にそのヒントが書いてあります。

＊

神さまは、六日間かけて、天地を創造しました。一日目に光と闇。そのあと陸地と海、…という具合に進め、六日目は、野生動物と家畜と地を這うものを造り、人間も造りました。大忙しです。そして七日目に、休みました。何もしなかったのです。

神さまは、人間や家畜もこれにならって、七日目に休むように言いました。これを安息

日といいます。一週間が七日間なのも、これがもとになっています。

＊

八日目以降は、どうだったか。聖書には、詳しく書いてありません。

エデンの園を用意して、人間が暮らせるようにしたり、忙しく世話をやいています。そのあとも、この世界が毎日正しく運行するように、チェックしています。

昔のひとは、太陽はなぜ毎日、天空を動いていくのだろうと考え、きっと大勢の天使が神さまの命令で、太陽を動かしているのだと考えたりしました。

＊

神さまが特に忙しいのは、人間が生まれるときです。

人間は、ほかの動物と、生まれ方が違います。

聖書によると、植物や、水中の生き物や、鳥や動物は、勝手に殖《ふ》えなさい、と命令されています。命令はそのときだけで、あとは管理しません。

でも人間は、アダムが手造りされ、イブも手造りされました。名前があります。個人として特別に造られるのです。

アダムとイブは、楽園を出たあと結ばれ、カインとアベルが生まれました。ふつうに妊娠し出産した。これは動物と同じか。違う、と考えるのがキリスト教です。

神は、世界の人間の誰がいつ生まれ、いつ死ぬか、一人ひとり管理しています。カインが生まれるのは、カインをこの世に存在させようと、神が決めたから。神の許可がなければ、イブは妊娠しない。カインをどんな人間にしようか、設計するのも神です。

＊

世界中の人間は一人のこらず、あなたも私も、神によってデザインされ、造られた。だから一人ひとり、違っている。キリスト教は、こう考えます。ユダヤ教やイスラム教もこの点は同じです。

カトリック教会は、受精の瞬間に「神の手」が働いて、人間が「造られる」と考えています。プロテスタントも、神が人間を「造る」と考えるところは同じです。

＊

となると、神さまはどれだけ忙しいことか。世界中で一日に生まれる子どもは、何十万人です。その一人ひとりについて、遺伝子の配列やら人生のストーリーやらを、全部考えて決めるのです。計算するだけのスパコンと違って、これは創作活動です。大変な作業量だと、思ってください。

そのほか、世界中の人びとの祈りをすべて聞き届けます。いつどこで地震が起こるか、台風が上陸するか、モニターしています。神は「全知全能」なので、とにかく忙しいのです。

＊

このように、神さまは世界を造ったあと、ぼんやりしているわけではありません。信じられないほどの忙しさで、神さまの務めを果たしています。

キリスト教を信じるとは、そのように考えることなのです。

5　ユダヤ民族は、どういう人びとですか

Q　ユダヤ人とは、どういう人びとですか
世界にどれぐらいの人数がいますか

なぜ、差別されるのですか

ユダヤ民族は、キリスト教と切っても切れない関係があります。

旧約聖書には、ユダヤ民族の歴史が書いてあります。

ユダヤ民族の歴史を、おさらいしましょう。

＊

ユダヤ民族は、アブラハムの子孫です。

神はアブラハムに、一族を連れてカナンの地（いまのパレスチナ）に移るよう命じました（創世記12章1―4節）。アブラハムを、子のイサク、その子のヤコブが継ぎました。ヤコブは、神の使い（あるいは神本人）と夜通しレスリングをしたので、イスラエル（神と争う）とあだ名をもらいました。ヤコブには、十二人の息子がいて、十二の部族の祖となりました。この全体を「ヤコブの家」とか、「イスラエルの民」とかいいます。

この時点では、ユダヤ民族＝イスラエルの民。父系をたどる血縁集団です。

＊

このあと、イスラエルの民は、いったんエジプトに移住しました。そしてモーセに率いられ、カナンの地に戻りました。部族ごとに土地を割り当てられ、入植します。エルサレムの周辺に入植したのは、最大部族のユダ族でした。

やがてイスラエルの民は、王政に移行します。ダビデ王は、ユダ族の王でした。その子ソロモン王が死ぬと、王国は、北王国と南のユダ王国に分裂します。北王国はやがて滅亡して雲散霧消し、ユダ族だけが残りました。イスラエルの民を「ユダヤ人」というのは、これが理由です。

*

ユダヤ民族は、血縁集団なのか、信仰共同体なのか。

両方の貌《かお》があります。

ひとつは血縁の原理。父がユダヤ人でなければ、ユダヤ人になりません。

同時に、信仰の原理。母がユダヤ人でないと、ユダヤ人になりません。両親にユダヤ人として育てられないと、ユダヤ人でないのです。母親が外国人の場合は、ユダヤ教に改宗してユダヤ人になればよいのです。女性は改宗すれば、すぐユダヤ人になれます。

男性は、ユダヤ教に改宗しても、割礼《かつれい》を受けていないので、すぐフルメンバーになれません。子どもか孫の代になれば、ユダヤ人と認められます。

＊

逆に、ユダヤ人でなくなるにはどうしたらいいか。それがはっきりしません。ユダヤ人が、キリスト教に改宗した。としても、ユダヤ人でなくなるわけではありません。キリスト教側は、改宗したユダヤ人ね、と認識します。ユダヤ教側は、キリスト教に改宗したユダヤ人だ、とみなします。無神論者になってもユダヤ人。マルクス主義者になってもユダヤ人、なのです。

ユダヤ人とユダヤ人でない人びとの境目がはっきりしないので、ナチスは研究して、法律を制定しました。ニュルンベルク法です。そのあらましは、

・ある人がユダヤ人かどうかは、祖父母4名がユダヤ人かどうかで決まる。

1．4人ともユダヤ人か、4人のうち3人がユダヤ人の場合、ユダヤ人

2．4人のうち1人だけがユダヤ人の場合、ドイツ人

3．4人のうち2人がユダヤ人の場合、本人がユダヤ教徒か、ユダヤ教徒と結婚している場合、ユダヤ人

そうでない場合、ドイツ人

です。ドイツらしく、きちんとルール化して、ユダヤ人かそうでないか決まるようになっ

ています。

このやり方で線引きすると、同じ家族のなかでも、ユダヤ人とドイツ人ができて、ややこしいことになります。

また、このルールは、本人の血統は、1／4、2／4、…などと混血を認めながら、二世代前の祖父母は一〇〇%のドイツ人かユダヤ人と仮定して計算するのですから、論理が混乱しています。ともかく、この法律によってユダヤ人でないことの証明を求めたので、ドイツは大騒ぎになりました。

*

ユダヤ民族は、イエスの死後数十年経って、ローマ軍と衝突を起こし、敗れて神殿を破壊されました。パレスチナ一帯から追放され、世界に散らばりました。これを離散（ディアスポラ）といいます。

ユダヤ人は、信仰共同体をつくって、まとまって住みました。ヨーロッパでは、土地所有が認められず、農業ができなかったので、それ以外の職業で生きて行かねばなりませんでした。ユダヤ法は、利子をとることを禁じています。しかし、異教徒からは利子をとってもよかったので、キリスト教徒はユダヤ人から金を借りました。キリスト教徒は、利子をとっていいのかどうかはっきりしなかったので、念のため利子をとらない時期が長かったのです。こうして、ユダヤ人は強欲な高利貸し、というイメージが広まりました。

＊

ユダヤ教徒は、ユダヤ教の信仰を守り、キリスト教を信じないので、キリスト教徒から差別され迫害されました。

アメリカには、ユダヤ人が多くいます。アメリカは移民の国で、ヨーロッパより住みやすい面があります。ユダヤ人は、アメリカでは「白人」に分類されます。

ユダヤ教徒には、伝統を重んじる保守派のユダヤ教徒から、中道のユダヤ教徒、ユダヤ法を守ることにあまり関心のないリベラル派まで、幅があります。保守派のユダヤ教徒は黒ずくめの服装をし、もみあげを伸ばしています。食物規制や安息日の決まりもきちんと守ります。信仰をもたないユダヤ人でも、自分がユダヤ人だということは、はっきり認識しています。

現在、世界には、一千数百万人のユダヤ人がいると推定されています。

6　モーセの「十戒」とは、なんですか

Q　モーセの「十戒」とは、どんなものですか
なぜ、「十戒」が大事なのですか
「十戒」に違反すると、どんな罰がありますか

モーセの「十戒」は、旧約聖書の「出エジプト記」に出てきます。預言者モーセは、イスラエルの民を率いて、エジプトを脱出しました。(イスラエルの民とは、のちのユダヤ民族のことです。)途中、ホレブ山(シナイ山ともいう)にのぼって、神から二枚の石板に刻んだ「十戒」を授かります。これこれを守るように、という命令一〇箇条です。ヘブライ語では「十の言葉」という意味なのですが、英語では、Ten

Commandments と訳します。偶像を拝むな、などユダヤ教の基本が書いてあります。

*

commandment について説明しましょう。

英語には命令を表わす語がいろいろあります。代表的なのは order。これはレストランの注文のような命令で、断ることができます。command のほうは、司令官が戦場で発する命令。軍令なので、断ることができません。言うことを聞かないと、命令不服従の罪で、裁判ぬきで上官に殺されてしまいます。絶対の命令なのです。

十戒を英語で Ten Commandments と訳したのは、だから、よい訳です。命がけで守るべき絶対の命令だという緊迫感が伝わってきます。

*

「十戒」という日本訳の問題点にも触れておきます。

「戒」は仏教用語。在家の五戒とか、僧侶の二百五十戒とかいう。

「戒律」は、仏教の修行のために守るルール。自発的に守るもので、誰かに言われて守るものではありません。在家の場合、「戒」は努力目標の意味で、守らなくても仕方がない。コマンドの、絶対の命令とはズレている。誤解を招く訳です。

聖書では、神との契約を、モーセの「律法」と訳しました。これは、戒ではない点が、いい訳です。「律法」は神が定めて人間に命ずるルール。「戒律」は、仏が定めて人間に勧めるルール。よく混同した言葉づかいをするひとがいるので、注意しましょう。

＊

さて、「十戒」のなかみを順番にみていきます。「出エジプト記」20章にはこうあります。

神ヤハウェは命じます。

1. わたし以外に神があってはならない。
2. どんな像も造ってはならない。拝んではならない。
3. 主の名をみだりに唱えてはならない。
4. 安息日を守れ。
5. 父母を敬え。
6. 殺してはならない。
7. 姦淫してはならない。
8. 盗んではならない。
9. 偽証してはならない。

10. 隣人のもの（妻、奴隷、財産など）を欲してはならない。

1〜4は、一神教独特です。

5〜8、10は、一般社会の道徳と共通しています。

9は、ユダヤ教に独特です。法廷で真実をのべよ、という命令は、裁判の信頼性を高めます。自然科学やジャーナリズムなど、近代の制度にもプラスの影響を与えました。

十戒は、これらをまとめ、神の命令としたものです。

＊

モーセの「十戒」は、とても有名です。でもこれは、モーセに神が与えた契約（律法）のごく一部にすぎません。その全体は、出エジプト記、レビ記、申命記に詳しく書かれています。これを、「モーセの律法」といいます。

旧約聖書の冒頭の五冊（創世記、出エジプト記、レビ記、民数記、申命記）は、モーセ五書（トーラー）といって、とりわけ重視されます。

新約聖書の福音書を読むと、律法を杓子定規に守ろうとするパリサイ派が、イエスに批判されて、悪者になっています。とんでもない人びと、という印象になります。ここにいう律法は、モーセ五書にもとづくユダヤ教の律法のこと。イエスは、パリサイ派を批判しますが、自分も律法にはとても詳しく、シナゴーグでしっかり旧約聖書を勉強していたことがわかります。

＊

十戒について、もう少し補足の説明をしておきます。

2に、どんな像も造ってはならない、とあります。しかし、砂漠を移動する途中、モーセは人びとに命じて、青銅の蛇を造らせます。また、幕屋にはケルビム（スフィンクスのような怪獣、ヤハウェの使い）の刺繍や浮き彫りの装飾をつくるよう、ヤハウェが命じています。イスラム教ほど徹底していません。

4の安息日は、一神教に独特の習慣で、ユダヤ教の安息日は土曜日です。

7の姦淫は、夫と妻のあいだ以外の、あらゆる場合をいいます。

モーセの律法には、上記を含むさまざまな違反行為に、どのような処罰を与えるか、詳しい定めがあります。

また、割礼の規定や、ブタを食べてはならないなどの食物規制や、の定めがあります。

＊

こうした律法は、ユダヤ民族の生活様式の特徴を、神の命令だとして神聖化し、厳格に守らせることを内実とします。さまざまな民族が入り交じる国際環境のなかで、民族としてのアイデンティティを守るというねらいがありました。

7　預言者とは、どんなひとですか

Q　預言者とは、どんなひとですか
なぜ、預言者だとわかりますか
いまも預言者が出てきますか

預言者（prophet）は、神の声を聴くひと、です。

神の声を聴いたあと、神はこうこう言っている、と人びとに伝えます。そこで人びとは神の声に触れ、神の言葉を共有することができるのです。

一神教にとって、預言者は、絶対不可欠の存在です。

＊

さて神の声は、聴こうと思って聴けるわけではありません。ほとんどのひとには、聴こえてきません。神に選ばれなければ、預言者にはなれないのです。

では、どういうひとが、預言者に選ばれるのか。

特に資格はありません。財産、いらない。社会的地位、いらない。知識や教養、いらない。年齢や職業は不問で、字が書ける必要もない。口下手でもよい。男性が大部分ですが女性でもよい。なぜこのひとが、と思うようなひとが選ばれます。

選ばれたら、嫌です、と断ることはできません。

預言者は、時代により地域によって、何人でも、繰り返し現れてきます。

預言者はおおぜいいます。預言者たちの言葉をまとめたものが、聖書だと言ってもよろしい。

＊

どのような預言者が選ばれてきたか。

神の声を聴いた、という意味では、ノアやアブラハムがそうです。

最初の預言者らしい預言者は、モーセです。エジプトで奴隷のように暮らしていたユダヤ民族を率いて脱出し、約束の地をめざします。途中、神から十戒やモーセの律法を授かりました。

モーセに次ぐ重要な預言者は、イザヤ、エレミヤ、エゼキエルの三人です。ほかに、エリヤ、サムエル、ナタン、エズラ、ネヘミヤ、…などなど、何十人も預言者がいます。

以上が、ユダヤ教の預言者です。

旧約聖書がいまのかたちにまとめられたのは、一世紀のことです。そのあと、預言者は現れなくなっています。

*

キリスト教は、旧約聖書の預言者をみな、認めます。

新約聖書に出てくる預言者は、洗礼者ヨハネです。洗礼者ヨハネは、ヨルダン川近くの荒野で暮らし、人びとに悔い改めの洗礼を授けました。イエスも洗礼者ヨハネから、洗礼を受けています。

イエスは、弟子をひき連れ、神の教えを伝えて回ります。やっていることは、預言者とそっくりです。当時の人びとは、イエスは預言者だと思いました。けれども、キリスト教では、イエスは神の子で、神本人である。神の言葉を聴いて伝えるのではなく、自分の言葉を話している。だから預言者ではない、と考えます。

ペテロ以下の弟子たちは、ふつうの人間で、イエスについて見聞きしたことを証言するだけです。パウロは、聖霊の導きによって書簡を書き記した、使徒です。どちらも、預言者ではありません。キリスト教の預言者は、やがてイエス・キリストが到来すると予告するのが役目です。イエス・キリストがやってきたあとは、預言者の出番はありません。

唯一の例外は、ヨハネ黙示録です。新約聖書の最後のこの書物は、パトモス島のヨハネという人物が、イエスの死後数十年経ってみた幻を、神の啓示として記したものです。ヨハネはある日、天に上げられ、天の荘厳な様子を見聞きしました。そして、やがて来るこの世の終わりの様子を、くわしく幻でみます。こうして神の啓示を受けたのですから、キリスト教では、ヨハネを預言者と考えます。

*

このように預言者は、異なった時代や場所に、何人も現れます。それは、そのときどきに応じた神の言葉を預言者が伝えるためです。

このほかに、偽預言者もおおぜい現れます。偽預言者は、神の声を聴いていないのに、神の言葉（と称するもの）を人びとに伝えるひと、です。イエス・キリストも、やがて現れる偽預言者たちに注意するよう、警告しています。

では、ほんとうの預言者と偽預言者を、どうやって見分けたらいいでしょう。

誰がほんものでにせものか、神は知っています。でも、彼らのことばを聞く人間には、わかりません。偽預言者は、あらゆる罪のなかで、最大の罪です。神に対する冒瀆だからです。人びとは偽預言者を、うち殺します。偽預言者と間違われて、殺されてしまうほんものの預言者も出てくることになります。イエスも偽預言者の嫌疑で殺されました。

ほんものの預言者と偽預言者を見分ける決め手をみつけるのは、このようにむずかしいのです。

＊

キリスト教は、旧約聖書（ユダヤ教）の預言者をすべて、預言者として認めます。

ユダヤ教は、新約聖書を神の言葉として認めないので、新約聖書の預言者（イエスも）を預言者として認めません。

イスラム教はどうか。イスラム教は、ユダヤ教の預言者、キリスト教の預言者をすべて神アッラーの預言者として認めます。イエス（マリアムの子イーサー）は、アッラーの預言者なのです。そして、最後に現れた最大の預言者が、ムハンマドだとします。

ムハンマドの受けた神アッラーの啓示が、クルアーン（コーラン）です。

＊

ムハンマドは、神の言葉を伝える預言者なのか。

キリスト教は、このことを絶対に認めません。

イエス・キリストが死んでから六〇〇年も経って、アラビアに生まれたムハンマドが、預言者のはずがない。偽預言者だ。クルアーンが神の言葉のはずがない。でたらめのフィクションだ。イスラム教徒は、偽預言者にたぶらかされた気の毒で愚かな人びとだ。これが、キリスト教のイスラム教に対する態度です。

このようにケンカ腰なので、キリスト教とイスラム教に対話は成り立ちにくいのです。

【説教2】麻薬の売人から、神学校の教授に

中国系アメリカ人の牧師、クリストファー・ユアンは言います。

もの心がつくころ、自分はどうやらゲイだと気づいたんだ。でも誰にも言えないで、隠したまま、高校、大学、メディカルスクールに進んで医学を学んだ。あるとき両親に自分はゲイですと打ち明けたら、それはもう大変なショックだったようだ。

母親は片道切符を手に、旅に出てしまった。死ぬつもりだった。でも途中、知り合いの牧師の奥さんに連絡したら、六週間も泊めてくれて、一緒に聖書を読んだという。読み終わるころには、現実を受け入れようという気持になった。あとで聞いたらね。

自分はと言えば、昼は医学の勉強、夜はゲイ仲間と乱痴気騒ぎの二重生活さ。そのうち麻薬にも手を染めて、同級生や教授にまで売りさばいた。それがバレて、退学になった。それならと、麻薬を手広く売りさばく元締めになって、金は入るし、羽振りはいいし、セックスを満喫する毎日だった。でもある日、奇蹟が起こる。ノックされてドアを開けると警官隊。踏み込まれて、大量の麻薬も現金も押収された。懲役六年。社会のどん底に沈んだわけさ。そして第二の奇蹟。ゴミ箱に捨ててあった本を何気なく拾うと新約聖書。マル

コ福音書を読み通して、これは自分のために書かれた神の言葉だと涙したね。いちいち自分に当てはまるんだ。刑務所のチャプレンの指導で、聖書を勉強した。出所まであと一年になって、仕方なく親に電話した。神学校の願書を送ってくれ。電話口の向こうでは、母が、毎日の祈りがかなったと神に感謝していたという。願書には、ここ一年以内の信仰を証す三人の証人が必要だ。仕方ないから、刑務所のチャプレンと、看守と、同房の囚人に頼んだね。それでも神学校から、合格通知が来た。刑務所から入学したのは自分だけだったから、同級生は目を丸くしてたよ。

　刑務所で、ＨＩＶ陽性が、検査で判明した。これも何とか治療できた。神学校では大学院に進んで、博士号も取った。いまは神学を教える教授だよ。信じられる？　刑務所で社会のどん底から、牧師になって、神学校の教員。こんな奇蹟のようなことも、神さまならできる。神にはできるんだ。

　悩んだのは、自分がゲイであることと、神との関係だった。聖書のどこにも、ゲイでもいいとは書いてない。結局、こういうことだと思った。問題は、ゲイか異性愛か、じゃない。異性愛でも罪を犯すひとは大勢いる。神は言う、私は聖潔（ホーリー）だから、みなも聖潔になりなさい。神の前に正しい生き方が大事なんだ、性の点でもね。

自分の体験を本に書いた。母と共著で。そしたら、あちこちの高校で教科書に使われている。親たちが性について教えない。教会で神に祈っても、家では教育のこと、いい仕事のことしか言わない。神でなく、偶像を拝んでいるんだ。だから若者は親元を離れると、教会から離れる。混乱して、罪の道を歩む。親は、教育より仕事より、イエス・キリストが大事だと、子どもに伝えるべきなんだ。

クリストファー・ユアンのウェブページは、以下の通りです。

https://christopheryuan.com/

8　人間は、罪があるのですか

Q　人間には、罪があるのですか
特に、悪いことをした覚えはありません
それなのに罪があると言われるのは、心外です

罪は、一般に、してはいけない行為をした責任をいいます。

典型的には、刑法にふれる行為です。

ものを盗んだ。殴ってケガをさせた。税金を払わなかった。こうした行為は罪となって責任を追及されます。刑法は、罰を科すのがふつうです。罪を犯したことは、罰を受けることで、償うのですね。

というわけで、法律やルールがなにかがはっきりしないと、何が罪になるのかはっきりしません。

＊

旧約聖書は、ユダヤ教の聖書です。

ユダヤ教の神ヤハウェは、預言者モーセを選んで、律法を与えました。律法とは、法律といっても同じで、なかみは「神との契約」です。人間は、この契約を守ることが義務です。これを、「モーセの律法」といいます。

ユダヤ教徒にとっては、神に従うこと＝モーセの律法を守ること、でした。法律を守ることが信仰、なのです。

＊

では、律法は守れるものなのか。

旧約聖書を読むと、人びとは、ちっとも律法を守りません。すぐ偶像を拝んだり、外国の風習をまねたり、律法の規定に違反したりします。すると預言者が現れて、人びとに警告を発します。人びとは耳を傾けるどころか、預言者を迫害する有り様です。

律法は、守れない。律法を守らないことは、人びととの罪です。人びとは、神に対して罪を犯す。ならば、神の罰を覚悟しなければなりません。

人びとが神を信じたのはそもそも、神に守ってもらいたいと思ったからでした。けれども、神を信じたために、律法を与えられ、それが守れないので、神に対して罪を犯し、かえって神を怒らせ、罰せられることになる。これが旧約聖書のポイントです。

*

キリスト教も、考え方はだいたい同じです。罪とは、神に背くこと。神が正しさの規準です。

キリスト教がユダヤ教と違うのは、キリスト教がモーセの律法（ユダヤ法）をなしにしてしまったこと。割礼をしなくてよい。ブタを食べてもいい。土曜日（安息日）に休まなくてもよくなりました。

でも、神との契約の考え方はやはり、キリスト教の柱です。それは、どんな契約か。

それは、イエス・キリストが人びとの罪を贖《あがな》って、十字架で犠牲になった。だから、イエス・キリストによって救われる、と信じることです。イエス・キリストが結び直してくれたこの契約を、新約（モーセの律法に代わる、新しい契約）といいます。

イエス・キリストが人びとを救う。キリスト教の核心です。このことを理解するには、「人びとの罪」とは何か、がわからなければなりません。

*

人間は誰もが、生まれつき、罪を負っていると考える。キリスト教の基本です。この罪のことを、「原罪」といいます。

この罪は、行為にともなう責任ではありません。人間の存在そのものが罪、なのです。どういうことか。

トマス・アクィナスという中世の学者の、『神学大全』という本を読むと、こんなふうに書いてあります。

イエス・キリストは救い主である。なぜ神は、さっさとイエス・キリストをこの世に送らなかったのか。時期を待っていた。最初、預言者モーセを送って、律法を授けた。この決まりを守りなさい。でも人間は、せっかくの律法を守れない。罪を犯し神に背くばかりで、ユダヤ民族の苦難が続いた。そう、人間は、罪を犯さないでいることができない。生まれたときから、罪を犯すようにできている。これが人間の本質。つまり、原罪をもっているのだ。

ではどうする。このままでは、人間は救われない。律法は無意味だ。人びとがこう、思い知ったところで、神は救い主、イエス・キリストを送った。イエス・キリストは、律法はもう効力が切れた、みなさんの罪を背負ってわたしが犠牲になるから、わたしを救い主

（キリスト）と信じなさい、と教えた。神は、人びとがこの教えを理解でき、受け入れることができるタイミングを待っていたのである。

この理屈によると、まず旧約（ユダヤ教）が与えられ、そのあと、新約（キリスト教）が与えられた順序が、なるほどとわかるのです。

＊

人間にはもともと、罪（原罪）がある。これは、まちがった行為をしたのではなく、人間の存在が罪なのです。せっかく神に造られたのに、罪がある。神に赦《ゆる》されず、罰せられてしまう。旧約聖書を読むと、そのことがわかるだろう、がキリスト教の聖書の読み方です。

そこに救い主、イエス・キリストが現れる。これは、人類と神の関係を正しくしようという、神の計画です。神の助け船（愛）です。こう信じるのが、キリスト教です。

＊

「人間に罪がある。」このことが、日本人にはピンと来ません。

日本人は、子どものころから、「ひとに迷惑をかけないように」と言われて育ちます。

迷惑は、自分の行為の結果、誰かが被害を受けることです。そんなつもりがなくても、相手から責任を追及されます。そうならないように注意して生きれば、幸せになれる。トラブルを避けられる。日本人の理解する罪は、行為責任なのです。

キリスト教は、なんにも行為しなくても、人間に罪があると考える。なぜ？　と言いたくなります。

ユダヤ教もイスラム教も、罪は神（の命令）に背くこと。行為責任です。原罪があるとは考えません。原罪を考えるキリスト教は、一神教のなかでもめずらしい。

日本人が罪を、行為責任のようにとらえるのは、だから、無理もないことです。でもそれが当たり前と考えてしまうと、キリスト教の考え方と、最初の一歩から食い違ってしまいます。その点を注意しましょう。

9　人間は、なぜ不完全なのですか

Q　神さまが造ったのに、人間はなぜ不完全なのですか
罪を犯さず、地上で平和に暮らせるように造ればよかったではないですか
それをとがめて、人間を裁くのは、話が違いませんか

人間はなぜ、神さまに造られたのに、完全ではないのか。
この疑問は、昔から、人びとを悩ませてきました。

＊

まず、理屈（屁理屈）をこねてみます。

神さまは、全知全能です。完全です。何でもできます。でも、神さまにもできないことがあります。

第一に、死ぬことができません。神さまは、永遠に生きているので、死にたくても死ねません。

第二に、自分と同じものを造ることができません。自分と同じ完全な存在をもうひとつ造ったとすると、神さまが二人になってしまいます。一神教でなくなります。

神さまのほかに、イエス・キリストがいます。これは、造ったのではなく「生んだ」のです。そして、二つになったけれども実はひとつ（だから、神さまがふたりではない）ということになっています。

よって、神さまが造ることができるのは、自分より劣った、完全でないものです。

神さまは、人間を、自分に似せてつくりました。人間は、それなりによく出来ているのです。でも、神さまに比べると不完全。これは仕方がないのです。

＊

さて、人間はほんとうに不完全なのでしょうか。

参考のため、動物を考えてみます。

動物は、それぞれのかたちで、それぞれの性質をもって造られました。それなりによくできています。出来あがった様子をみて、神さまは「よし」と言い、満足しています。

動物は、本能（つまり、神の命令）によって行動していて、神に背きません。罪を犯すこともできません。

さて聖書を読むと、人間も動物も、はじめはみな草食だったと書いてあります（創世記1章29―30節）。ノアの洪水のあと、神さまは人間に、肉食を許可します（創世記9章3節）。一部の動物も、許可されて、肉食動物になったと考えられます。でも、肉食はなんとなく正しくないという感覚があります。神の平和が実現すると、オオカミと小羊は仲よく暮らす、と書いてあります（イザヤ書11章6―7節）。そこで菜食主義者（ベジタリアン）が現れるのです。

肉食動物がほかの動物を襲うとしても、神の許可があってそうしているので、罪を犯しているわけではありません。

＊

人間は、動物と違って、知恵があり、言葉をもっています。

知恵と言葉は、人間の交流を深め、結束を固め、人間の幸福の条件を整えます。しかし同時に、人間の争いと悪行の原因でもあります。

人間が、ほかの人間に暴力をふるうのは、神の許可をえてのことではありません。

人間は、神に背きます。人間は、神の意思に反した行動をとります。それは人間が、自由意思を与えられているからです。

自由意思。これは、神が人間に与えた恵みであり、特権です。ではこの自由は、神の支配が及ばない場所なのか。もし及ばないのだとすれば、神は、人間が神に背き、自由にふるまったとしても、なすすべがないことになります。

神はなぜ、人間をこのように造ったのでしょう。

＊

もし地上に動物しかいなかったら、誰も神に背きません。だが、動物は、自分が神に従っていることがわからないでしょう。ただ自然にしているだけです。

人間は、神を知ることができます。神の意思を理解し、自分の意思を理解します。神の意思と人間の意思は別々のものなので、神に背くことができます。そしてそれは、神に従うことができ、神を信じることができ、神を理解することができる、ということです。

これは、動物よりもずっと深い交流のかたちです。神と、神が造った世界との、ずっと進んだ結びつきです。

人間は、完全ではない。人間は、神ではない。そこで人間は、神を必要とします。自分が神に造られたことを理解し、この世界に命を与えられ生かされていることを、神の恵みと感謝することができます。

人間がすんなり、このように考えるとは限りません。福音が伝わらず、神を知らない人びともいる。知ってはいても、神を信じない人びともいる。神を信じているはずでも、神に背いてばかりの人びともいる。それを、神は忍耐して、見守っています。

＊

人間が不完全で、神に背くのは、人間というものの本質です。

なぜ神が人間を、このように造ったか。それを人間が、ほんとうに理解することはできないかもしれない。けれどもそれは、神の計画の一部である。

——キリスト教では、このように考えられます。

10　重い病気になるのは、罰ですか

Q　妻が重い病気になりました。これは、神の与えた罰ですか
自然災害に襲われた地域は、神の怒りをかったのですか

人間は、病気になることも、死ぬこともあります。
職を失うことも、破産することもあります。
障害をもって生まれることも、事故にあうこともあります。
それは、神の罰でしょうか。
罰ではありません。罰と考える必要もありません。
では、罰でなければ、何なのでしょうか。

*

まず、神が全知全能で、この世界を支配していると考える必要があります。

神の主権です。

「主権」とは、最高の意思決定権のことで、こうと決めたら、誰も覆《くつがえ》せないことをいいます。憲法の時間に、国民主権と習いました。

この世界は、神の主権のもとにあります。この世界の出来事はすべて、神の意思によって起こる、ということです。神の知らないうちに、何かが起こることはないのです。その出来事が起こることを、神が許可しているのです。

自然現象が起こるのは、自然法則による。神の意思は関係ないのではないか、と思うかもしれません。まず、自然法則を定めたのは、神です。自然法則どおりだとしても、神の意思です。つぎに、神は自然法則に介入して、それに従わない出来事を起こすことができます。奇蹟（miracle）です。奇蹟は、神の意思です。さらに、奇蹟が神の意思なら、奇蹟を起こさないことも神の意思です。自然法則どおりにものごとが起こっているのも、やはり神の意思だと言えるのです。

すべては神の意思によって、奇蹟として、起こる。これが、信仰の立場からする世界の見え方です。

＊

たとえば、3・11の東日本大震災を考えてみましょう。なぜ、地震が起こったのか。プレートが動いてエネルギーが蓄積されて…起こりました。神は、地震が起こることを知っていたか。知っていた。起こらないようにすることができたか。できた。でも、地震を止めなかった。大震災は、神の意思によって起こった、と言えます。

大震災で、二万人に近い人びとが犠牲になりました。

誰それと誰それが、地震で命を失う。それを、神は事前に知っていたか。知っていました。神は全知全能だからです。神は、それを止めることができたか。できました。でもそれを止めなかった。犠牲となった人びとは、神が命を奪ったことになります。

神によって、人びとの命が奪われた。家族は悲しみ、苦しい日々を送る。これは、神が望んでいることなのでしょうか。神は何を考えているのか。

＊

東日本で大震災が起こった。多くの人びとが亡くなった。

仏教ならこれを、因果で考えるはずです。よくない結果には、よくない原因があった、というわけです。東日本によくない結果が起こったなら、東日本の人びとがそれに値する悪行を犯していた、ということになります。よくない結果は、罰なのです。

キリスト教ではこれを、神の意思による出来事、と考えます。神の意思は、因果を超え、人間の理解を超えています。なぜ東日本で大震災が？　それは人間には理解できません。人間に理解できるはっきりした原因はないのです。よって、「東日本に神の罰が下った」と考えることはできません。もしも罪ある人間に罰を下すのであれば、東日本はもちろん、東京にも西日本にも、韓国や中国にも、世界のどこにも、大震災が起きて当然だからです。

ならば、ひとつの考えは、東日本はすべての罪ある人びとの身代わりに、今回たまたまなった、ということです。被災者もわれわれも同じだ。そこで、寄付を募ったり、ボランティアで駆けつけたりする。われわれの罪を背負って犠牲になったのですから。「かわいそうだから助ける」ではありません。

＊

人間は、さまざまな不運に見舞われます。

たとえば、子どもが障害をもって生まれた。いったいなぜ、と叫びたくなります。でも起こった出来事は、取り消しできない。親として、子どもにできる限りのことをするしかありません。

これは罰なのか。

罰ではありません。神の意思です。

人間は、自分の都合で考えます。自分に都合がよければ、恵み、恩恵などとよびます。自分に都合が悪ければ、運が悪いと考えます。実はどちらも、同じことなのです。

どちらにせよ、それは神の意思です。大きな神の計画の一部です。やがてその出来事にどういう意味があったか、わかるかもしれない。

神はいちいち、人間の都合に合わせて出来事を起こしたりしません。神のつくった世界には、台風もあるし、地震もあるし、山火事もあるし、旱魃《かんばつ》も大雨もあるし、疫病もあるのです。また、努力が報われるとは限らず、正義が実現するとは限らず、悪がはびこることはよくあるのです。

神の正義は、やがて実現します。それは、最後の審判のあとです。人間は罪を赦され、神と正しい関係を結び、「神の王国」に生きるのです。でもそれまでは、正義の必ずしも実現しない世界を、耐え忍ばなければなりません。

＊

復活のとき、もって生まれた障害は取り除かれます。

障害をもって生まれたのが偶然なら、障害をもって生まれなかったのも偶然です。どんな不幸な出来事も、この世界が不完全であること、それを忍耐して神と向き合うべきであることを教えています。神も忍耐しているのですから。

【説教3】残念なレストランの、チップ

アメリカのある牧師の説教です。

ある日、私は、レストランに行った。そして、野菜スープを注文した。しばらくしてスープが運ばれてきた。野菜が浮いているけど、これはスープか？　しかもウェイターの汚い親指が、テーブルに置くときスープのなかに入ったじゃないか。飲んでみると、案の定まずい。私は腹が立って、このレストランを呪ったね。来るんじゃなかった。今日はチップはなしだ。なしにするとも、絶対に。しばらく私は、カンカンに怒っていた。

でも、怒りが少し収まると、こうも考えた。

たしかに、このレストランはなっていない。サーヴィスも悪い。でも神さまは、私たちが罪深く、なっていないときに、チップなしにするだろうか。相変わらず、太陽が昇り、雨が降り、命を支えて、なっていない私たちのために恵みを注いでくださるではないか。神さまは、そのように忍耐づよく、恵み深い。ならば、レストランがなっていないからと言って、チップをなしにするのが正しいだろうか。

そこで私は、勘定のときに、チップを二〇％払ったんだ、ちゃんとしたレストランのときと同じにね。

アメリカは、チップの制度がまだ行き渡っていて、勘定のとき、一五〜二〇％のチップを上乗せするのが普通です。従業員の副収入になります。チップなしは、よくよくのことなのです。

11　なぜイエス・キリストが十字架で死ぬと、救われますか

Q　なぜイエス・キリストが十字架につけられて死ぬと、人類が救われるのですか
十字架は、ほんとうにあった出来事ですか
ほんとうにあったとしても、そんな昔のこと、なぜ自分に関係があるのですか

まず、この出来事が実際にあったかどうか。

ナザレのイエスが十字架で処刑された記録は、新約聖書の福音書に書いてあることがすべてです。大勢の学者が、それ以外の記録を探しましたが、みつかりませんでした。

福音書は、初期のキリスト教会のあいだで伝えられ、まとめられたものです。どこからどこまでが事実でフィクションなのか、はっきりしません。イエスが十字架にかかった事

実を疑う歴史家もいます。

＊

イスラム教は、福音書をアッラーの啓示の書、ナザレのイエスを、アッラーの預言者（マリアムの子イーサー）だとします。そして、十字架にかからなかった、とします。イスラム教では、イエスは、当局に逮捕されそうになって、逃げ延びた。身代わりに、別の誰かが捕まって十字架につけられた。イエスは天にあげられた、と考えます。これでは、キリスト教徒とまるで話が合いません。

イスラム教の考え方では、イエスはいたとしても、人類を救うことはできません。

＊

イエスはキリスト（救い主）で、神の子で、十字架で苦しみを受け、死んで葬られ、三日目に復活して、天に昇った。キリスト教にとって、これは議論の出発点です。歴史的な事実だと、歴史学者が証明できるかどうかを超えた次元の話です。

（私としては、イエスの人柄の描写も、事件のあらましも、十分に具体的で詳しいことから考えて、実際に起こった出来事だと十分に考えられると思います。）

キリスト教にとって、十字架の受難は、信仰の「真実」です。キリスト教徒は、これを信じて、生きてきました。キリスト教文明の全体が、この出来事にかかっています。歴史的事実かどうか、の問題ではないのです。

＊

では、いちばん大事な問題。なぜ、イエス・キリストが十字架で死ぬと、人類が救われるのでしょうか。

このロジックを理解するには、まず、人類が全体として、神の前に「連帯責任」を負っていることを理解する必要があります。

「連帯責任」とは、どういうことかわかりますね。あるグループの誰かが罪を犯すと、そのグループのメンバー全員が、責任をとらされることをいいます。自分は関係ない、知らない、と言ってもとおりません。「連帯責任」をとらせると決めた側が、赦してくれなければ。

アダムとイブが、楽園で、罪を犯しました。食べてはいけない、と命じられていたのに知恵の樹の実を食べ、しかも、自分のせいではない、と言い逃れをしたのです。そのため、アダムとイブは楽園を追放されて、死ぬようになりました。額に汗して働かなければならず、女性は痛い思いをして子どもを産まねばなりません。これは、アダムとイブだけの話ではなく、人類全員の運命です。つまり、人類は連帯責任をとらされているのです。

＊

人類はひとしく、神に対して罪を負っている。キリスト教の「原罪」は、こういう観念です。連帯責任なので、自分ひとりの行為の問題ではありません。「原罪」を取り除く方法がない。神と人間の関係を、正しい状態に戻す方法がないのです。

そこで、イエス・キリストが遣わされました。

イエスは教えます。「友のために命を捨てる。これより大きい愛はない。」（ヨハネ福音書15章13節）そうのべたイエスは、人びとの罪を贖うため、十字架で犠牲となりました。これは、神の子であるイエス（つまり、神）が、人類を「友」としてくれたことを意味します。人類は、罪のあるまま赦されて、救われるのです。

＊

イエス・キリストが犠牲となると、なぜ人類が救われるのか。

この結論を導くため、これまで数えきれない説明が試みられてきました。そのうち、私が納得した説明を紹介しておきます。

古代の刑法は、復讐法でした。ちゃんとした刑法も裁判所もないので、誰かが殺害されると、一族の身内のものが、復讐に、犯人の一族のもとに押しかけます。犯人をみつけて殺害します。ところが間違えて、犯人ではない別の誰かを殺してしまいました。殺してから気がつきました。一人殺されたら、仕返しに、一人殺す。これが、「同害報復」のルールです。報復のエスカレートを避けるためです。このケースでは、罪のない一人をもう殺してしまったため、犯人は罪のあるまま命が助かることになります。

これの類推で言えば、イエス・キリストは、人類全体の罪を背負って、身代わりに死刑になりました。処罰がすんでしまったので、人類は、罪のあるまま助かるのです。

＊

イエス・キリストが犠牲となったので、人類は救われる。この知らせを、福音といいます。初期のキリスト教徒は、イエス・キリストについて証言し、福音を全世界に伝えることを使命としました。それをまとめたのが、新約聖書です。

12　新約聖書と旧約聖書は、なぜ一冊になっていますか

Q　新約聖書と旧約聖書は、なぜ一冊になっていますか
旧約聖書はもともと、ユダヤ教の聖書ではないのですか

なるほど、そのとおり。旧約聖書は、ユダヤ教の聖書です。
そのあと、キリスト教の新約聖書ができた。
それがなぜ、一冊になったのか、疑問に思いますよね。

*

まず、イエスが生きていた時代、新約聖書は、まだ影もかたちもなかった。このあと書かれるからです。
旧約聖書はどうか。シナゴーグ（ユダヤ教の会堂）では、モーセの律法や、預言書が読まれていました。でもまだ、編集が済んでいなくて、いくつもの巻物のかたちになってい

ました。それを広げて、今日はここからここまで、と読み上げたのです。だからみんな、内容をよく知っていました。

イエスは、旧約聖書の内容を暗記していましたから、神のことばを自由自在に引用して、教えを語っています。

＊

そのあと、旧約聖書が編集されたのは、一世紀の終わりごろです。編集と言っても、会議を開いて、巻物になっている書物のうち、これとこれを聖書にする、と決めるだけです。選ばれなかったものは、外典や偽典になりました。

旧約聖書は、当然、ヘブライ語で書かれています。そして、ユダヤ教の信仰をもつユダヤ人の手で、守られてきました。

旧約聖書は、巻物のかたちで写本から写本に書き写されて、伝わります。現存するいちばん古い完全な写本は、およそ一〇〇〇年前のレニングラード写本だといわれます。

＊

いっぽう新約聖書は、初期のキリスト教会に伝わった書物の集まりです。初期のキリスト教会は、ローマ帝国の統治するヘレニズム世界に散らばっていました。ヘレニズム世界の共通語はギリシャ語。なので、新約聖書はギリシャ語で書かれています。

新約聖書のうち、最初に書かれているのは、パウロの手紙です。パウロは紀元六〇年ごろローマで殉教したと言われていて、それより前に書かれています。新約聖書の半分以上は、パウロやほかの使徒が書いた書簡です。

イエスの生涯を伝える福音書は、四冊あります。マルコ→マタイ→ルカ→ヨハネ、の順に書かれたことがわかっています。ルカは、使徒言行録も書きました。これは、イエスが死んだあとの弟子たちの物語です。

最後に書かれたのは、ヨハネ黙示録。預言者パトモス島のヨハネのみた、この世界の終末の幻を、書物に記しています。

このほかにも多くの文書が伝わっていたでしょうが、そのうち重要なものが選ばれて、新約聖書になりました。

＊

新約聖書だけあれば、キリスト教としては十分ではないのか。

イエスの生涯は、福音書に書いてある。イエスがいなくなったあとの、弟子たちの活動は、使徒言行録に書いてある。イエスをどう信じたらいいかは、パウロの書簡に書いてある。だから、新約聖書があればすむとも思えるでしょう。

ところがイエスは、旧約聖書からどっさり引用をしているのです。イエスの教えは、旧約聖書を知らないと、わからないところだらけ。それなら最初から、新約聖書と旧約聖書を一冊にして、キリスト教の聖書にしたほうがいい。そこで、一冊の合本になっているのです。

*

旧約／新約、についても説明しましょう。

旧約とは、古い契約の意味。神（ヤハウェ）とイスラエルの民との契約をいいます。預言者モーセに下された、モーセの律法が中心です。あとは、ほかの預言者の預言書や、詩篇や歴代誌などのその他の書物です。

旧約聖書の編集は、ユダヤ教の人びとが行なったので、キリスト教徒はタッチしていません。編集がすんだ旧約聖書を、じゃあ使わせてね、とそっくり拝借してきたのです。ただしキリスト教の旧約聖書は、書物の順番をいちぶ入れ換えてあります。

カトリック教会は、ヘブライ語の旧約聖書と、ギリシャ語の新約聖書を、ラテン語に訳したものを、使いました。ウルガータ訳といいます。

まとめると、旧約とは、その昔に、モーセを通して、神とイスラエルの民が交わした契約のこと。契約を書き記したものを、モーセの律法という。「モーセの律法を守っていれば、救われますよ」が、旧約です。

*

それに対して、新約は、新しい契約の意味。神がそのひとり子イエス・キリストを送って、モーセの律法（旧約）に代わる新しい契約を結んだ。それを信じ、それを守るのが、キリスト教徒です。

イエス・キリストは言います。心ならずも律法を守れない、弱い立場の人びともいる。みなさんは、そんな彼らを、差別していないか。思い上がるのはやめなさい。神はそういう、弱い立場の人びととこそ、共にいる。私も共にいる。モーセの律法を形ばかり守るより、神に従おうという素直な態度が大切だ。私の教えに従うひとは、神の心にかなうひとである。――みたいに教えたのですね。この結果、モーセの律法（旧約）はペンディング（効力停止）になりました。その代わりに、イエスに従い、イエスを救い主（キリスト）と崇《あが》める。だからキリスト教徒は、旧約聖書の、モーセの律法に従わないのです。

この点が、ユダヤ教と違うのですね。

まとめると、新約とは、イエス・キリストが現れて、旧約の律法に従えない人びとの罪を赦すと約束してくれたこと。このすばらしいニュースを「福音」といいます。それが記してあるのが、福音書です。

＊

英語では旧約をOld Testament、新約をNew Testamentといいます。Testamentとは、契約の意味。ふつう神との契約は、Covenantということが多いのですが、同じ意味です。

【説教4】ＬＧＢＴＱは、罪なのか

メソディスト教会は、アメリカでは二番目に人数の多い教会です。いくつかに分かれていたのが合同した、ユナイテッド・メソディストという教会が大きいです。（ユナイテッドを、統一教会と誤認しないようにしましょう。）以下の説教は、二〇年ほど前のある牧師の説教です。メソディスト教会は、ＬＧＢＴＱに理解のある教会のひとつです。

みなさん、キリスト教は長いあいだ、ゲイを罪だとしてきました。聖書に、ゲイはいけないと書いてあったから。そのため、多くの人びとが苦しみました。いまも苦しんでいます。

でも、ゲイやレズビアンは、ほんとうにいけないことなのか。罪なのか。

犯罪は、罪です。神の命令に背くことも、罪です。犯罪は犯さないこともできるし、神の命令には背かないこともできる。本人の選択と、責任がある場合に、罪がある。

では、ゲイやレズビアンはどうか。

ゲイやレズビアンの人びとは、気がついたら、ゲイやレズビアンだったのでしょう。自分でなろうと思って、なったわけではないでしょう。ゲイやレズビアンの人びとは、神がそう造ったから、ゲイやレズビアンである。そのひとに、責任はない。造られたとおりに生きていくことが、神の意思にかなっている。

ゲイやレズビアンをいけないと、ほかの人びとが言う資格があるだろうか。神によってそう造られた人びとを、ほかの誰かが、非難する資格はない。神の意思を、人間が否定してはならない。

ですからみなさんも、そう考えてください。ゲイやレズビアンの人びとも、そうでない人びとも、みな神を信じる、教会の仲間なのです。

13　天使は、どんな存在なのですか

Q　天使は、どんな存在なのですか
その辺を、歩いていたりしますか

天使は、聖書のなかに出てきます。

マリアのもとに、天使がやってきます。あなたは子どもを産みます。マリアはびっくりします、ウソでしょう！　「受胎告知」ですね。レオナルド・ダ・ヴィンチも、ほかの画家も、描いている人気のテーマです。背中から翼がはえた姿に描かれています。

このときやってきたのは、天使ガブリエルです。

ちなみにガブリエルは、とくに大事な知らせを伝える天使です。ムハンマドにクルアーンを啓示したのも、ガブリエル（アラビア語で、ジブリル）です。

*

さて、天使は聖書に出てくるのですが、旧約聖書には、「神の使い」も出てきます。アブラハムのところにも、神の使いが現れました。神の使いは、人間のかたちをしています。翼がはえていません。そこで、アブラハムは、人間が来たのかと思いました。あとで神の使いだと気がつきました。

旧約聖書には、実は天使はあまり出てきません。主役は、神の使い。そして、預言者です。時代が下ると、だんだん天使が出てきます。新約聖書は、主に天使が出てきます。

聖書を読むひとは、「神の使い」と書いてあると、天使のことだな、と思います。でもそう思わなくても、ふつうの人間が、神のためにはたらき、神の言葉を伝えている、と考えてもよいのです。

*

以上をまとめると、つぎのようです。

（1）この世界には、天使として造られた天使がいる。この天使は、人間とは違った生き物です。

（2）人間も、神のためにはたらき、神の言葉を伝え、神の使い（天使）となることができる。

ユダヤ教にはもともと、天使の考えがなかったようです。途中で、たぶんペルシャのゾロアスター教の影響で、天使の考え方が入り込み、キリスト教に定着したのだろうと言われています。

「神の使い」のほうが基本で、「天使」はあとからつけ加わったのです。

＊

すると、つぎのように考えられます。

人間は誰でも、神の意思によってはたらいているとき、天使である。誰かがあなたに話しかけているとき、その誰かは天使なのです。

この世界はそもそも、神に支配され、神の意思によって動いています。この世界が、あなたの思いどおりでないとしても、当然です。あなたに不都合なことが多かったとしても、当然です。この世界は、あなたの意思でなく、神の意思によって動いているのですから。それを受け入れることです。

誰かがあなたに、よいアドヴァイスをしてくれる。それは、神があなたに伝えてくれているのです。その誰かは、神の使いです。

誰かがあなたに、インフルエンザの予防接種をしてくれる。それは、神があなたのためにアレンジした、神の使いです。

誰かがあなたに、無駄なおしゃべりをしている。その誰かは、神によっておしゃべりに造られているのだから、受け入れましょう。そして、あなたはおしゃべりの代わりに、なにをすればよいのか考えましょう。つまりその誰かは、神の使いです。

つまりあなたの周りの誰もが、神の使い（天使）なのです。

＊

あなたに子どもが生まれました。無邪気にほほえんでいます。天使のようだと思わないでしょうか。

あなたの子どもはほんとうに天使、つまり神の使いです。神が意思しなければ、あなたの子どもは生まれなかったでしょう。そもそも、あなたも生まれなかったでしょう。あなたが、無邪気にほほえんでいるあなたの子どもを見ている。この状況を、アレンジしたのは神です。あなたの子どもはあなたにとって神の使い。そして、あなたの子どもにとってあなたは、神の使いです。あなたが気がついていなかったとしても。

このようなアレンジを、神の恵みといいます。

この世界は、神の恵みに満ちているのです。

＊

こう考えると、天使（神の使い）は、特別な考えではありません。この世界は、神が造ったもので、神が支配している。そうであるなら、自然に導かれる考えです。

この世界の、どんな出来事も神のメッセージです。神の意思のあらわれだからです。

この世界の、誰のはたらきや言葉も、神の使いです。神の意思のあらわれだからです。すべてのことは、神の意思と、神の許可によって起こるのですから。

14 地獄は、どんなところですか

**Q 地獄は、どんなところですか
悪魔がいて、人間をいじめるのですか**

地獄がどんなところか、聖書には、実は詳しい説明がありません。
そもそも地獄という場所があるのか、はっきりしません。かりにあったとしても、悪魔はいません。

*

洗礼者ヨハネは言いました。「悔い改めなさい、天の国は近づいた。」「木の根元に斧が置いてあるのが見えないのか。悔い改めないと切り倒されて火に投げ込まれる。」（マタイ福音書3章2節、10節）
イエスは言いました。「右目があなたをつまずかせるなら、えぐり出して捨てなさい。身体の一部がなくなっても、全身が地獄に投げ込まれるよりましである。」（マタイ福音書5章29節）
洗礼者ヨハネやイエスは、「ゲヘナの火」のことを言っています。ゲヘナは、エルサレムの近くにあったゴミ捨て場のような場所。悔い改めない者は、ゲヘナに燃やされる火炎に投げ込まれるだろう。洗礼者ヨハネはそう、人びとに教えました。イエスの教えも同じです。

「ゲヘナの火」（「永遠の炎」ともいう）は、カトリック教会が広めた「地獄」と違います。

「ゲヘナの火」は、人間を罰するために、神自らが用意するもの。神以外の天使も悪魔も、関係ありません。いっぽう「地獄」は、神に背いた天使が天から堕ちて、勝手に設けたもの。神の意思とは無関係です。

＊

地獄の特徴をまとめます。

第一に、神に反対する元天使（悪魔）や手下が集まっている。第二に、地下にあって、人間を悪に誘っている。第三に、最後の最後には神に滅ぼされてしまう。

これがいわゆる地獄です。でも聖書に、地獄があるとは書いてありません。みんなが聖書を読まないのをいいことに、カトリック教会が言いふらしたでたらめなお話です。

そもそも地獄に人間は、死んだらすぐ行くのか。それとも、最後の審判がすんだあとで行くのか。

そのあたりがはっきりしない。そこでカトリック教会は、地獄（hell）のほかにもうひとつ、煉獄《れんごく》（purgatory）というものを考えました。煉獄は、最後の審判の待合室のようなところで、とろ火で炙《あぶ》られる。そのあいだに罪が蒸発して、最後の審判で天国に行く可能性が高まる。教会の免罪符を購入するともっと高まる、という仕組みです。もちろん煉獄のことは、聖書にただの一行も書いてありません。

＊

プロテスタントは、聖書にもとづくことを基本にします。カトリック教会が教えるような地獄は、聖書に書いてない。だから、なかったことにしました。でもこれまで、地獄があることを前提に、いろいろな絵画が描かれ、文学作品もつくられてきました。人びとの頭が急に切り替わるわけにはいきません。だから、地獄がある、みたいな感覚もどこかに残っています。

地獄がなければ、なにがあるか。

ゲヘナの火（永遠の炎）がある。イエスがそう言っているのですから、確かです。これは、裁きの日（最後の審判）に、神が人びとを罰する「破滅」の象徴。わかりやすくのべたので、文字通りの「火」であると考える必要はありません。

＊

そして、悪魔もいません。

聖書にはサタンが出てきます。サタンは、神の部下で、天界に出入りし地上でも活動する「見張り役」のような存在。人間の行動をチェックするのが役目で、広い意味では「神の使い」です。旧約聖書のヨブ記に、サタンのことが詳しく書いてあります。

イエスは、荒野で断食したあと、試練を受けます（マタイ福音書4章）。本文には「悪魔が現れた」と書いてありますが、最後にイエスは、「退れ、サタン」と言います。悪魔ではなくサタンだった、と理解できます。

このほか福音書には、悪霊が多く登場します。当時、多くの病気は悪霊によるものと考えられていました。イエスは悪霊を追い払い、病を癒します。これも、カトリック教会のいう悪魔とは関係ありません。

＊

カトリック教会はいまでも悪魔がいると考え、悪魔払いが専門の「エクソシスト」もいます。地獄や煉獄もあると教えています。

15　天国は、どんなところですか

Q　天国は、どんなところですか　毎日、なにをして過ごしますか　地上で生きていた頃のことを、思い出しますか

天国がどんなところか、聖書には詳しい説明がありません。
そもそも天国なるものが、存在しない可能性があります。
ここは大事なので、詳しく説明しましょう。

＊

まず、「天（Heaven）」と「神の王国（Kingdom of God）」とは違います。

天は、いま、人間の上にあるものです。創世記に、神は、「天と地を造った」とあります。造られたのですから、被造物です。そして、地が単数なのに、天は複数で書かれてい

ます。なぜなのか。

　聖書をみると、鳥や雲が行き交うスペースも、天。その上の青空の丸天井も、天。丸天井の上の空間も、天、なのです。どれも天なので、それで複数。これが、ひとつの可能性です。

　ちなみに、丸天井（ドーム）は、透明なガラスのようにできていて、その上に水が貯まっているのが透けて見える。それで空は青いのだ、と当時のひとは考えていました。天空の上に貯まっている水が、ときどき雨となって降ってくるのです。海と天空の上に、水が分かれていることは、創世記1章6―7節で、神が「水のなかに大空があって、水を分けよ」と命じている通りです。

　もうひとつは、天空の上の空間が、タワーマンションのように階層になっていて、複数あるから、複数形なのだ、という可能性。クルアーンは、天がいくつもの階層構造になっているように、書かれています。当時のユダヤ人も、そう考えていたらしい。

　このように、天といってもひと通りでないのです。

*

　さて、天には、神や、そのほかの天的な存在（天使など）がいる、と考えられていました。イサクの子ヤコブ（イスラエル）は、旅枕で夢をみて、天に梯子《はしご》がかけられ神の使いが昇り降りしているのをみます（創世記28章12節）。ヨブ記は、神の周りに神の使いやサタンが集まって会議をしているところから始まります。サタンは地上の報告をしているので、場所は天でしょう（ヨブ記1章6―7節）。要するに、天には神がいます。

神は創造主で、被造物とは隔絶した絶対的な存在だ、と考えると、被造物である天とか、この世界のたとえば神殿のなかとかに、神がいると考えていいのか、問題です。それを言えば、エデンの園のなかを神が歩き回って、アダムやイブと会話していることも変です。神は、この宇宙のどこか外側にいる、と考えるほうがすっきりします。

でもそれだと、神が人間とどう交流するのか、はっきりしなくなります。

そこで、当時の人びとは、神は天にいるのだ、と考えていました。イエス・キリスト自身も「天の父よ」と呼びかけています。

*

イエス・キリストは、神の国について、どう言っているでしょう。

素朴に語る箇所もあります。天の国は、こんなふうだ。網にかかった魚を選り分けるように、天使たちが来て正しい人びとのなかにいる悪い者を選り分けて、燃え盛る炉に投げ込むのだ（マタイ福音書13章47―50節）。洗礼者ヨハネが言いそうな譬《たと》えです。

もう少し、踏み込んだ教えもあります。

実はイエスは、天の国（神の王国）について、ふた通りの説明をしています。

A… 神の国は、どこかにあるのではなく、みなさんの中にある。

神の国はいつ来るかと聞かれ、イエスはこうのべます。目に見えるかたちでは来ない。ここにある、あそこにあるとは言えない。神の国はあなたがたの間にあるのだ（ルカ福音書17章20―21節）。

もうひとつの説明は、こうです。

B… 神の国は、この世の終わりに、救い主の到来によって訪れる。

イエスはのべます。この世の終わりが近づくと、戦乱が相次ぎ、エルサレムが軍隊に囲まれる。みな逃げなさい。人の子（救い主のこと）が栄光に包まれ、雲に乗ってやってくるのがみえるだろう（ルカ福音書21章）。

死者も復活する、とのべます。その時には、墓の中にいる者はみな復活して、善を行なった者は命をえ、悪を行なった者は裁きを受けるために出てくる（ヨハネ福音書5章28―29節）。イエスはその時、父に任されているので、自分が裁く、とものべます（ヨハネ福音書5章27節、30節）。

＊

まとめると、「神の王国」には、ふたつの側面があります。

A…　いまこの地上で（人びとが悔い改め、神と正しい関係になる）

B…　世の終わりに、審判のあとで（赦された人びとが、神と正しい関係になる）

Bのほうが、キリスト教の教えの主流です。でも、Aの考え方も、ないことはないのです。

そもそも「神の王国」は、「神の統治」「神の支配」という意味です。神は、天地創造の始めから、世界を支配し続けています。だから、（人びとが悔い改めて、そのことに気づけば）この地上がそのまま神の王国です（A）。けれども、キリスト教のふつうの考え方では、「神の王国」はこの世界が終わり、最後の審判のあとに、やっと実現するものです（B）。

＊

Bの考え方がいちばんはっきり書いてあるのは、ヨハネ黙示録です。

天は被造物ですから、この世の終わりには、壊れてしまいます。そのときには、天も地も、海もなくなります（ヨハネ黙示録21章1節）。

そして、新しい天と地が与えられます。天から「新しいエルサレム」が下りてくるのです。それは宝石でできていて、都市の城壁は一辺が二〇〇〇キロメートル以上もあり、ぴかぴか光って夜もありません。命の書に名前が書かれた者（救われた者）は、この都市に招かれます（ヨハネ黙示録21章10―16節、27節）。

ヨハネ黙示録によれば、この「新しいエルサレム」が神の王国です。このイメージは、ハリウッドで量産されたＵＦＯものの映画の、原イメージになっています。

＊

Ａの考えによれば、悔い改めて信仰に目覚めた人びとは、いま地上に、共同体（神の王国）を建設することができます。

宗教改革の直後に、再洗礼派の人びとがひき起こしたドイツ農民戦争は、これです。いままでの社会をチャラにして、新しく理想的な社会をつくるのですから、革命です。既成勢力に危険視されて、弾圧されました。

Ｂの考えによれば、いま地上に、共同体（神の王国）を建設するのは、禁止です。人間にそんな能力はありません。神が意思して、救い主を送らないと、ほんとうの神の王国は始まらないのです。人びとは、それまで待たなければなりません。

＊

一向一揆は、ドイツ農民戦争とそっくりです。

一向宗（浄土真宗）の門徒は、極楽往生が決定《けつじょう》していると信じました。往生すれば仏ですから、それなら、この地上でも互いに仏です。そこでこの地上に、理想の仏教共同体（神の王国Aにあたる）を建設することができます。浄土真宗は全体が、この考え方になりました。それを禁止する教会にあたるもの（Bの考え方）がありません。そこで、手強い政治勢力になりました。

キリスト教の主流の考えでは、神の王国は、最後の審判のあと、神がつくります。人間がつくるものではない。人間が神の王国をつくれると思うのは、正しくないのです。

キリスト教徒は、イエスの再臨を待ち望んでいます。それは世界の終わりのときです。世界の終わりを待ち望んでいる、と言っても同じです。「世界の終わり」というと、恐ろしい感じですが（そして、恐ろしいのですが）、神に赦され神の王国に入れる、楽しみなときでもある。でも、ただ待つしかない。

＊

しばらく前に、オウム真理教が、サリン事件を起こしました。

オウム真理教は仏教系の新興宗教ですが、キリスト教の終末思想の影響も受けていました。ハルマゲドンが来る、と信じていました。ハルマゲドンは、毒ガスのサリンが使われ世の中が混乱する。それに乗じて、日本をオウム真理教の国家に作り変えよう。そして、ただ世界の終わりを待つのではなくて、サリンガスを製造し、ばらまこうとしました。自分がガスを撒けば、世の中が混乱しますから、終末がやってきたことになります。「終末と神の王国を自分でつくり出す」という危険なロジックが、みてとれます。

＊

キリスト教では、こういう考え方は禁止です。

アメリカに渡ったピューリタンは、聖書共和国（バイブル・コモンウェルス）をつくるという構想をもっていました。ただしこれは、神の王国ではありません。信仰を正しくする信徒があつまって共同体をつくりますが、神の王国ではないのです。やがて終末がやってきて、人びとを神が裁く、と考えます。どんなに信仰をもつとしても、やはり人間は罪深いままなのです。

＊

まとめましょう。

まず、天と、神の王国は、違います。

天は、この地上の上にあります。神やイエス・キリストはたぶん、そこにいます。

神の王国は、最後の審判のあと、神が人間といっしょにつくるものです。人間は罪を赦されて、永遠の命を与えられます。

この地上は不完全で、苦しみも悩みも多いけれど、命を与えられこの世界に活かされている神の恵みに感謝して、神の王国の到来を待ち望む。これが、キリスト教なのです。

16　死んだら、天国に行くのですか

**Q　人間は、死んだら天国に行くのですか
肉体が滅んだあと、霊魂はどうなりますか
復活のとき、肉体が与えられると、霊魂も戻ってくるのですか**

これも、大事な質問です。

人間は死んだら、どうなるか。

*

まず大事な点は、キリスト教は、死者が存在するとは考えません。

神道では、死んだイザナミは黄泉《よみ》の国に移りました。夫のイザナギは、妻のイザナミを追いかけて黄泉の国に行き、びっくりして帰ってきました。日本人は、お盆に死者が帰ってくる、と考えます。人間は死んだら、死者になって、どこか別の場所にいるのです。

道教では、人間は死ぬと「鬼」になって、地底で暮らすと考えられています。死者の国があるのです。

キリスト教は、こういう意味での「死者の国」があるとは考えません。そもそも死者は存在しないのです。

*

アダムは、土から造られました。息（生命）を神が吹き入れると、命が与えられて、活動し始めました。ものを考え、言葉をしゃべります。精神の働きは、生命の活動の一部です。

アダムが死ぬと、息（生命）が出て行きます。肉体は土に還《かえ》ります。精神は？　生命の活動がなくなると、精神は雲散霧消してしまいます。霊魂が、肉体のないまま、ふらふらしたりしません。

肉体も精神もなくなるのですから、死者はそもそも存在しません。

中世のカトリック教会は、死者が「煉獄」のような場所で責め苦を受けるなど、聖書に書いてない適当なストーリーを広めました。それもキリスト教ではありません。プロテスタントは、聖書にないことはデタラメだと考えます。

＊

人間は死ぬと、墓に葬られます。死者は墓に眠っているのではないでしょうか。

たしかに。死者は「眠っている」とよく表現されます。まず、人が死ぬと埋葬して、墓に葬るのは、キリスト教より古い、人類に普遍的な習慣です。キリスト教より古いので、墓とキリスト教の関係はすっきりしません。

葬儀の本質は、死体を、自然の状態に放置しないことです。

動物は、仲間が死んでも、ほっておきます。死体は腐るにまかせ、ほかの動物に食べられるにまかせます。

人間は、これを、忍びないと思い、死んだ仲間に敬意を払います。敬意とは、自然にまかせず、そこに介入することです。地中に埋めたり、横穴に入れたり、火で焼いたり、ばらばらにしたりします。これは料理と似ています。料理は食料を、自然のままでなく、焼いたり煮たり、発酵させたり、ばらばらにしたりして、介入することだからです。料理も葬儀も、どちらも文化のしるしです。

いずれにせよ、死体（の残り）を、特定の場所に安置します。これが、埋葬です。

＊

この埋葬の伝統は、人間の本性に根ざしています。さまざまな宗教に共通で、長い歴史があります。すると、キリスト教の考え方とどう調和するのか、が問題になります。

旧約聖書でも、イスラエルの人びとは死ぬと埋葬されます。「先祖の列に加わる」といいます。死者は死者として記憶されます。これは、死者が「死者として存在する」ことではないのか。神を信じることと、どういう関係があるか。

神は、人間がいつ生まれ、いつ死ぬか、管理しています。人間が死ぬのは、神の許可と命令によります。死ねば、肉体は滅んで存在しなくなり、霊魂（そのひとの人格や精神）

も雲散霧消します。墓に、死者はいません。これが、一神教の正しい理解です。

でも一神教は、埋葬や墓を無視し否定するわけではありません。イエス・キリストも、十字架で息絶えたのち、遺骸を整え、墓に葬られています。刑死した被告人に対して、死者への敬意が与えられています。

＊

人間は死んだあと、どのように存在するのか。

死後のあり方について日本人と議論すると、このように答えるひとが多いです。

――そうですね、そのひとが死んでも、私が覚えている限り、私のなかでは生きている気がします。覚えているひとが誰もいなくなったら、そのひとは存在しなくなってしまうのではないかな。

三回忌、七回忌、…と繰り返して、最後に弔い上げをする法事のやり方は、人びとのこういう常識をなぞっています。

でもこれは、一神教の考え方とまるで反対です。

ジョンも、メアリーも、エリザベスも、…この世に生を受ける前から、神によって計画され、神のなかに存在していた。その計画どおりに、この世に生まれて、生きて、そして死んだ。人びとはやがて、彼らのことを忘れてしまうかもしれない。けれども、神は覚えている。そして、神が覚えているかぎり、彼らは存在し続ける。最後の審判のときには、神が彼ら一人ひとりに肉体を与えて、再び存在させる。

　神があるかぎり、私は存在する。ほかの人間が私を覚えているかどうかは、関係ない。こう考えるのが、キリスト教です。

*

　人間は死ぬと、天に召されるのか。

「天に召される」は、キリスト教でよく使う言い方です。神がそのひとの、人生にピリオドを打った、という意味です。天は神のこと。神の意思で死んだのです。

　では死者は、白い着物を着て天に昇り、天使と一緒に過ごしているのか。

　慰めのため、「いまごろは天でゆっくりしているよ」と言うことはあります。が、死ねば肉体が滅び、精神活動も停止する（霊魂は存在しない）と考えるのが正しい。ジョンが死ぬと、ジョンの人格や精神活動のあり方は、データとして、神さま預かりになります。復活のとき、肉体をもう一度造って、ジョンのデータをインストールし解凍すると、ジョンが復活します。死者は、神さまのもとで、復活を待っているのです。

＊

天国があって、死者が楽しく過ごしている、は俗説です。キリスト教の信仰ではないので、注意しましょう。

【説教5】ホームレスをハグする

これは説教ではないが、ある日街角で、目撃したできごとです。

アメリカには、よくホームレスがいる。舗道脇に座って、ダンボールに何か書き、空き缶かお皿が置いてある。その日も、二〇代後半の若いホームレスが、道端に座っていた。昼下がり。道行くひとは、足早に通り過ぎていく。なかには、1ドル札を置いたり、クオーター（25セント）コインを投げ入れたりするひともいる。

家族づれが通りかかった。子どもたちと母親は通りすぎた。でも四〇代の父親は、ホームレスに近づくと、いきなりハグした。ちょっとびっくりだ。ホームレスの青年は、身なりが汚れているが、気にしない。そして、こう言った。「私たちはこれから、ランチに行くんだ。よければ、家族と一緒に、食事をしないか。ぜひ。」口先ではない。本気で誘っている。

ホームレスの青年は、結局、招待に応じなかった。父親は、その場を離れた。

話し方や言葉づかいから、思った。たぶん彼は、牧師なのだろう。そして、ホームレスにハグして食事に誘うのは、初めてではなく、しょっちゅうなのだろう。食卓に招く。対等な仲間であることの、最高の表現だ。家族も、それを当たり前と思って、理解があるに違いない。その日一日、この出来事のことを考えた。

17 ほんとうに、復活するのですか

Q 人間はほんとうに、復活するのですか
これまでに復活したひとはいますか
復活と輪廻《りんね》は違うのですか

復活は、死んだ人間がもう一度、肉体をえて生き返ることです。

こんなことはふつう、起こるはずがない。起こるはずのないことが起こる。だから奇蹟です。神の命令で、新しい肉体が与えられ、生き返るのです。

キリスト教は、復活を信じます。復活を信じることは、キリスト教の核心です。ちなみに、復活を信じるのは、イスラム教も同じです。

＊

福音書に、イエスが死者を復活させる話が出てきます。

死んだ会堂長の娘を生き返らせた。「タリタ、クム」（起きなさい）と言うと、起き上がった。もっともイエスは、娘は寝ていただけだと言っている（マルコ福音書5章35―43節）。ナインという町でも、やもめの息子を生き返らせている（ルカ福音書7章11―17節）。マルタとマリアの兄弟ラザロは死んで墓に葬られた。イエスが入り口の石をどけさせ、「出て来なさい」と命じると、死んでいたラザロが布を巻かれたまま出てきた（ヨハネ福音書11章）。

復活は、死んだと思ったら死んでいなかった、息をふきかえした、ではありません。ちゃんと死んだのに、生き返った、です。ラザロは、イエスが到着したとき、死んで四日も経っていました。ラザロの復活が、典型的です。

これらは、復活で、神の奇蹟であるけれども、永遠の命をえたわけではありません。復活しても、年齢を重ね、やがて死んでしまいます。

＊

復活してほんとうに「永遠の命」をえたのは、これまで、イエス・キリストだけです。もう死にません。死刑判決を受けて十字架につけられ、死んで葬られ、三日目に復活しました。墓は空っぽ。そして弟子たちのところに現れ、四〇日するとみなの見ている前で、天に昇って行きました。

イエス・キリストはいま、天で、神の右隣の椅子に座っています。右隣とは「ナンバー・ツー」の意味です。そして、時が至ると、天使の軍勢を率いて雲に乗ってやって来て、「神の王国」を実現することになっています。

＊

イエス・キリストは復活した。それはやがて、すべての人間が一人残らず、死んでも復活することの約束です。神がそのように計画しているのです。イエス・キリストが復活したのに、ほかの人間が復活しないことがあるでしょうか。

死んだら、身体は滅んでしまいます。細胞は壊れ、蛋白質《たんぱくしつ》はバラバラになり、もとの分子や原子に戻ってしまいます。なのに自分の身体が、そして精神が、再び存在することなどありうるだろうか。

ありうる。必ずそうなる。それが復活。キリスト教は、それを信じます。

「信じる」とは、まだそうなっていないけれど、そうなるに決まっている、と考えることです。

なぜそう考えることができるのか。

＊

復活は、二度目の創造です。

最初の人間アダムは、土をこねて造られた。ちなみにアダムとは、「土」という意味です。生物は、無機材料（炭素や窒素や酸素や水素や硫黄や鉄や…）でできている。人間が土を材料にしているというのは、正しいのです。

さてその無機材料の原子が、適切に配列されると、身体ができあがる。そして、神が息（生命）を吹き入れると、スイッチが入った機械のように、人間として動き出す。これが一回目の創造です。そんなことができるのか、と思うかもしれません。でも現に、すべての人間がそうやって神に造られて、あなたも私も生きて存在している。人間が存在すること自体が、神の奇蹟なのです。

一回目の奇蹟によって、あなたは造られた。神には、その能力があり、設計図もある。あなたのことは、何でも知っている。ならば、二回目の奇蹟によって、死んでしまったあなたの身体（と精神）をこしらえるのは、一回目と同様に（いや、むしろもっと）簡単なのです。

というわけで、人間が神に造られたのなら、人間が復活するのは当たり前です。

＊

旧約聖書に、復活が描かれた箇所があります。エゼキエル書です。

エゼキエルは、預言者で、さまざまな幻をみました。

あるときエゼキエルは、骨がいっぱいの谷に連れ出されました。神は言います、「わたしはお前たちの中に霊を吹き込む。すると、お前たちは生き返る。」(エゼキエル書37章5節)。すると骨はカタカタと音を立ててくっつき、肉と腱と皮膚を生じ、生き返って大きな集団となります。

これはエゼキエルのみた幻です。そして、すべての人間が復活するという預言です。だからイエスの時代、ユダヤ教の多数派だったパリサイ人は、人間はみな復活すると信じていました。

＊

人間が復活するかどうかは、神の意思ひとつです。死体が腐ってしまおうが、遭難して行方不明だろうが、関係ありません。だから欧米の人びとは、飛行機事故や海難事故があっても、遺骸がみつかるかどうかに拘泥《こうでい》しないのだとも言います。

洗礼者ヨハネは言います。「われわれはアブラハムの子孫だなどと威張るな。神はこん

な石ころからでも、アブラハムの子孫を造ることができるのだ。」（マタイ福音書3章9節）

人間を造り出すのに、材料はなんでもいいのです。

＊

仏教には「輪廻」の考え方があります。

生き物（有情《うじょう》といいます）が死ぬと、つぎの生き物に生まれ変わり、それがずっと続きます。これが輪廻で、自然界を貫く法則です。人間も、輪廻の法則に服しています。

輪廻は、何回でも生まれ変わる。復活は、ただ一回だけ。

輪廻は、どんな動物にも起こる。復活は、人間だけ。

輪廻は、死ぬたびごとにばらばらなタイミングで起こる。復活は、世界の終わりに一度に起こる。

輪廻は、別な生き物に生まれ変わる。復活は、自分にまた生まれる。

輪廻は、前世のことを覚えていない。復活は、死ぬ前のことを覚えている。

このように、輪廻と復活はまったく別ものです。ごっちゃにしないようにしましょう。

18　誰が救われて、誰が救われないのですか

Q　最後の審判で、誰が救われ、誰が救われないのか、どうやって決まりますか
自分が救われるために、なにかできることがありますか
自分が救われているのか、あらかじめ知ることができますか

最後の審判のとき、神は人間を、一人ひとり別々に、裁きます。誰もが自分に責任をもつだけでよく、ほかの誰かの責任は問われません。徹底した個人主義なのです。

「審判」とは、裁判のこと。裁判ですから、手続きがあります。

裁くのは、神。となりにイエス・キリストがいて、口添え（執り成し）をします。

裁かれるのは、人間。死んだひとは復活して、裁かれます。

罪状は、神に背いた罪。

証拠しらべがあるはずですが、神は何でも知っているので、省略かもしれない。

本人の申し開きも、できるかもしれない。

判決は、救われる（神の王国に入れる）／救われない（永遠の炎で焼かれる）、のどちらか。

中間はありません。執行猶予もありません。

＊

キリスト教は、一神教です。一神教の大原則は、神が救うか救わないかを決める。ほかの誰も、神の判断を左右できないことです。

もしも誰かが、神の判断を左右できるとすれば、神は全能でなくなってしまい、一神教になりません。

あなたが裁かれるとして、救うも救わないも、神の思うまま。神が自由に決めます。あなたが文句を言ってもムダです。

結論は、これ以外になく、誰が救われる／救われない、は神が決めます。

＊

では神は、あなたを救うか救わないか、いつ決めるのでしょうか。

裁判を開いているのですから、裁判の途中でだんだん考えを固め、裁判の終わりに判決を決めるように思えます。

でもこれは、人間が裁判をする場合です。神は、全知全能なのですから、裁判の始まりの時点で、あなたが何をし、何を考えてきたか、全部わかっています。判決を下すのに十分です。裁判は、かたちばかり、ということになります。

これをさらに進めると、こうなります。

＊

神は、天地創造のはじめから、あなたを救うか救わないか、決めていた。神は、誰と誰をこの世界に存在させるか、計画していた。その計画どおりに、アダムとイブを、カインとアベルを、ジョンやメアリーやエリザベスを、存在させていきます。あなたもその計画にもとづいて、この世に生まれました。そして、どういうふうに行動し、どんな人生を歩み、どう死ぬかも、神によって計画されていました。裁判の材料は完全に出揃っているわけですから、救うか救わないかの判決も、天地創造のはじめに決まっていた、というわけです。

ちょっと待って、と思うかもしれない。でも、この考え方は合理的なのです。人間は、時間のなかに生きています。これから先のことは、わからない。でも神は、永遠の存在なので、実は時間のなかに生きていないのです。神にとっては、天地創造のときも終末のときも、同時であると考えられます。

この考え方を、救済予定説（predestination）といいます。カルヴァンが最初に唱えました。

＊

救済予定説は、ショッキングな考え方です。言っているのは、人間を救う／救わない、は神の一方的な決定（恩恵）で、人間には左右できない。神と人間とのあいだに、相互作用があってはならない。このことを、印象的に主張する説です。

神と人間とのあいだの「相互作用」とは何か。

「最後の審判」と聞くと、人間はふつう、こう考えます。そうか、この世の終わりに裁かれるのか。では、どうすれば救われるのかなあ。善行をつむ？　教会に寄付をする？　立派な市民として過ごす？　信仰深い祈りの毎日を送る？　——どれもムダである、が救済予定説です。

もしも人間の行動が原因で、救われる可能性が高まるのなら、人間→神への影響が生じています。人間の行動が「原因」となって、神の裁き（結果）が左右される、ということです。これを「神強制」といいます。人間が神に、何かをさせようとする。一神教の原則に反します。あってはならないことです。

カルヴァンは、こうした考え方を排し、神の前に罪人としてひとり立つことが大切だ、と考えました。そのことを強調するのが、救済予定説です。

*

自分を救うために、自分にできることが何もない。このように覚悟すると、人生をどう過ごせばよいか、方針が立たなくなる気がします。

最後の審判は、神が一方的に裁きを下すとして、その内容を、あらかじめ人間は知ることができるのでしょうか。

旧約聖書を読むと、天にあげられたひとがいます。

預言者エリヤは、弟子の見ている前で、火の戦車に乗って生きたまま天に上げられました（列王記下2章11節）。苦難に遭ったときエリヤを呼ぶと、天から助けに来てくれると信じられました。

モーセや、イザヤなど偉大な預言者は、やはり天にいると信じられました。救われたという意味です。

カトリック教会では、聖母マリアは、天に上げられたと考えます。そのほか大勢の聖人も、救われるに決まっている、と考えます。

けれども、ふつうの多くの人間は、救われるかどうか、事前にはわかりません。

救われるとわかれば、張り切って毎日を送れそうな気がします。救われないことがわかれば、この世を生きる気力が失せてしまいそうです。どちらかわからないので、中途半端な気持で生きるしかないのでしょうか。

そもそも、救わないと神が決めているひとの場合、信仰をもって生きることの意味はなんでしょうか。

*

信仰を保つことができなければ、キリスト教は解体します。救済予定説は、そういうむずかしい問題を、人びとにつきつけます。

みんなが考えた結論は、こういうことです。

救われるために、神を信じるのではありません。

救われるから、神を信じるのでもありません。

神を信じるのは、自分のためではありません。神のためです。

神がこの私に、神を信じる力をプレゼントしてくれた。だから信じるのです。

信仰は、私の行為ではなく、神の恩恵です。

神を信じることのなかに、神と罪ある人間との、正しい関係が回復されています。

神を信仰するならば、あたかも救われているかのように、この地上で生きるべきです。

救われているかのように、この地上で生きることが、神を信仰するということです。

政治家は立派な政治を行ない、ビジネスマンは立派なビジネスを行ない、……は、隣人愛の実践です。神の意にかなうことです。

——というふうに、カルヴァン派は考えて、行動しました。これを「世俗内禁欲」といいます。

こうして、気がついてみたら、近代社会ができていました。

19　洗礼を受けると、救われますか

Q　洗礼を受けると、救われるのですか　イエスより前に生まれたひとは、救われますか　キリスト教徒でなくても、救われますか

洗礼は、キリスト教の教会の加入の儀式です。

洗礼者ヨハネは、悔い改めのしるしとして、洗礼を授けていました。ユダヤ教に洗礼の考え方があったことがわかります。

イエスは、洗礼者ヨハネの洗礼を受けました。

イエスが誰かに洗礼を授けたと、福音書には書いてありません。しかしいつの間にか、初期教会では洗礼を行なうようになったようです。

使徒パウロは、ユダヤ教徒として、キリスト教徒を取り締まっていました。けれどもあ

る日、イエスの幻と会って回心し、洗礼を受け、キリスト教徒となります（使徒言行録9章3―19節）。当時もう、キリスト教徒は洗礼を受けるものだ、と思われていたことがわかります。

*

洗礼は、ユダヤ教の割礼にあたるものです。

割礼は、男性器の包皮の一部を切ります。ユダヤ教徒は、生後8日目に手術しますが、もしも大人なら痛いです。洗礼は、痛くありません。そして、男性も女性も、受けることができます。ギリシャ人（ユダヤ人でない人びと）には、好評でした。

福音書によると、キリスト教の洗礼は、水ではなく聖霊によって授けるものだといいます（マタイ福音書3章11節）。聖霊は、神から来ます。つまり洗礼は、人間が授けているように見えても、神が授けていることになります。

洗礼を授けられた者が、今度は洗礼を授ける側に回る。いま授けられている洗礼も、伝言ゲームのように、初期教会の最初の洗礼から、連綿と続いてきたことになります。

*

さて、洗礼を受けると救われるのか。

洗礼を受けると救われる、わけではないでしょう。救われるかどうか。それは、最後の審判で、神が決めて申し渡すことです。

けれども、洗礼を受けないと救われないとする考え方も、一般的です。洗礼を受けることは、救われるための必要条件、というわけです。イエスは、わたしはブドウの木だから、実を結ぶようにつながっていなさい、と言いました（ヨハネ福音書15章1―10節）。また教会は、イエス・キリストが教会の頭で、教会はキリストの身体だ、ともいいます（エフェソの信徒への手紙1章22―23節）。洗礼を受け、教会のメンバーになることは、大事だと考えられたのです。

*

洗礼を受けることが、救われるための必要条件なら、洗礼を受けないで死んだら大変です。昔は、子どもがよく死にました。そこで、生まれたらすぐ、洗礼を授けてもらうと安心です。幼児洗礼ですね。

カトリック教会は、幼児洗礼が原則です。物心もつかないうちに、洗礼を受けます。信仰心とはとりあえず、関係ありません。そこで、信仰が固まったことを教会で確認する、堅信礼が別に行なわれます。

プロテスタントでは、ルター派の教会も幼児洗礼を認めます。カルヴァン派の教会も幼児洗礼を認めます。洗礼を受けないで死ぬと大変なので、合理性があります。

再洗礼派は、正しい信仰をもって洗礼を受けなければ意味がない、とカトリックの洗礼を認めませんでした。そこで、改めて洗礼を受けるので、再洗礼派とよばれました。急進的な社会改革を掲げたので、ドイツ農民戦争で弾圧され、迫害されました。

＊

幼児洗礼の問題点は、堅い信仰に結ばれた信仰共同体をつくりにくいことです。

アメリカに入植したカルヴァン派の人びとは、子どもが地獄に堕ちたら大変と、急いで幼児洗礼をしました。すると教会メンバーに、信仰がふらふらし回心体験のない人びとが増えてしまいます。回心体験がある教会の中核メンバー／回心体験のない教会の周辺メンバー、の二重構造になります。

回心体験のないメンバーは、回心体験にあこがれて、のちに大覚醒運動に結びつくのでした。

＊

回心体験と洗礼を結びつけてしまえば、この矛盾は解消します。バプティスト教会の行き方が、これです。

バプティスト教会は、アメリカで急拡大しました。再洗礼派と似ていて、幼児洗礼を認めません。また、他宗派の洗礼を認めません。バプティスト教会の洗礼だけが、イエス・キリストにさかのぼる正しい洗礼で、代々続いている、唯一有効な、生まれ変わりの洗礼だとします。

洗礼は、ポタポタ水をたらすやり方（滴礼）が多いのですが、バプティストの場合は、ザブンと池か水たまりに飛び込むやり方（浸礼）です。この儀式によって、古い自分が死んで、新しい自分に生まれ変わったという「再生」が実現します。

＊

回心は「新生」（ボーン・アゲイン）でもあります。アメリカでは今でも、「新しく生まれ」るひとがよくいます。

ジョージ・W・ブッシュ（ブッシュ息子）は、ちゃらちゃらした若造でしたが、あるとき「新しく生まれ」て、まともになり、父と同じ政治家になりました。彼が「新しく生まれ」たと言えば、そうなのか、とみんな思う。アメリカのキリスト教ならではです。

＊

洗礼を受けなければ、救われないのか。

もし救われないと考えれば、イエス・キリストより前の世代の人びとはどうなるのか、が問題になります。そういう人びとのあいだにも、ノアのように、神の前に正しい人びと（義人）がいたはずです。また、福音が伝わらなかった社会にも、義人がいるはずです。そうした人びとも復活して、神の前に立つとき、洗礼を受けていなくても、救われると考えるのが自然です。

すると、洗礼を、救われるための必要条件と考えなくてよいことになります。

ならば、洗礼は何のためにあるのか。そう考えて、洗礼をなしにしてしまった教会もあります。クエーカーやユニタリアンのように。

カルヴァンの救済予定説は、神が救済を決定すると強調しました。つきつめると、やはり洗礼は救済に関係ないことになります。

＊

にもかかわらず、多くの教会は洗礼を重視します。

ひとつの理由は、それが教会の伝統だから。初期教会のころから、教会は信徒に洗礼を授けてきました。信徒にとって、それは、神とのつながりを示すあかしです。

そして、それにも増して大きな理由は、洗礼が神の恩恵であるから。救済の条件であるかどうかはともかく、神は人びとの一人ひとりに、手を差し伸べようとしている。救われるかどうかは、この世界が終わった、最後の審判のときの話。洗礼は、いまこの世界に生きるすべての人びとに、イエス・キリストの愛が及んでいることを示す機会なのです。

【説教6】あいつだけは赦せない

ちょいと下町の、黒人教会を見学に行きました。アメリカの教会は、宗派はもちろんですが、人種や出身地ごとに、教会が分かれています。教会の建物は簡素なつくりで、身なりを整えた黒人の信徒が、百人近く集まっています。最近、白人は、Tシャツやジーンズの軽装で礼拝に出席しますが、黒人教会は、五〇年代のような習慣が残っています。以下は、黒人の牧師の説教の一部です。

今日の聖書の箇所は、赦し（フォギブネス）ですね。七回の七十七倍まで赦しなさい。借金を返さなくてもいいと言ってあげなさい。片側の頬を打たれたら、反対側も向けなさい。あなたを迫害する敵のために祈りなさい。敵を赦せ、と神は言っている。

そう。皆さんは、敵を赦しなさい。できるならね。

でもね。俺には、絶対に赦せない奴がいる。少なくとも一人。

この手を見ろ。右手に深い傷があるだろ。これは、そこの裏の空き地で、あのリチャードの奴にやられたんだ。タイマンを張ったんだ。俺たちはチンピラだったからね。さんざん悪さをしたが、あのリチャードだけは、我慢がならない。絶対に赦せない。いまでも、

ばったり出くわしたら、ただでは置かないよ。絶対だ。

でも、敵を赦すのはいいことだ。できるならね。

ところで、皆さんは、借金があるかな？　あるひとは、手を挙げて。（手を挙げるひとが多い。）皆さんの借金を、銀行は返さなくていいと、言ってくれたか。言ってくれやしない。言ってくれないとも。銀行がそんなこと、言うわけないんだ。聖書に書いてあるのに。ひどいもんだ。これが世の中っていうもんなんだ。これが世の中なんだよ。

じゃあどうする。皆さんは、誰かの借金を返さなくてもいいよ、と言ってあげなさい。それでもなんとかなるならね。でも、返せる借金は返しなさい。相手が困るからね。そうやって、できることをやって、助けあいなさい。

この教会は、礼拝が始まるとゴスペル調の讃美歌をつぎつぎ歌います。繰り返しが多く字幕も投影されるので、誰でもすぐ歌えます。何曲も歌って体が暖まったところで、牧師の説教。そのあと、慰めタイムがあります。会衆席の前方に、信徒の年長者が何人か立っています。前週悩みや苦しみがあったひとは、年長者のところに行って相談すると、年長者は肩を抱きハグして、慰めてくれます。小さいながら地元に根付いた教会でした。

20　神父と牧師は、どう違いますか

Q　神父さんと牧師さんは、どう違いますか
神父はなぜ、独身なのですか
神父や牧師が罪を犯したら、どうなりますか

神父と牧師は違います。

神父（司祭）は、誰かに任命される必要があります。ずっと上までたどって行くと、カトリック教会なら法王、ギリシャ正教会なら総主教にたどりつきます。彼ら教会のトップは、イエス・キリストから権限を与えられていて、信徒を指導する役目です。トップひとりではどうしようもないので、仕事を分担しているのですね。

初期のキリスト教会は、組織が整っていませんでした。そのうち、ピラミッド型の組織ができあがりました。

神父が独身なのはなぜか。やがてこの世界が、終わると考えているからです。使徒パウロは言いました。独身でいなさい。どうせ世界はすぐ終わる。結婚して家族をもつ場合ではないのです。でも、結婚しないと罪を犯してしまいそうで、我慢できないひとは、結婚してもよろしい。信仰深い神父は独身で、そこまでではない一般の信徒は結婚する、というやり方になりました。

＊

神父ら聖職者が独身だと、教会が、家族と無関係になります。教会は、ばらばらの個人がつくる抽象的な組織として、ヨーロッパ全体を覆うことになります。ラテン語やギリシャ語を共通語にして、民族や言語の違いを超える普遍的な組織になりました。

＊

プロテスタントは、カトリック教会のあり方を批判して、飛び出しました。ルターは、万人司祭を唱えます。法王や神父が、神と人間をつなぐのはおかしい。人間は誰もが、神と直接につながることができるべきだ。イエス・キリストがいればよく、法王や神父は存在すべきでない。

こうしてプロテスタントでは、人間は等しく罪人で、司祭だとされました。

でも、皆で集まって礼拝をしたり、洗礼を授けたりするのに、その場を仕切る司会者みたいなひとが必要です。そういう役目のひとを選んで、牧師とよぶことにしました。牧師とは、羊（一般の信徒）の世話をするひと、という意味です。

牧師はふつう、神学校で訓練を受けて、聖書や神学を勉強します。神父と似ています。けれども神父と違って、結婚します。信徒と対等です。信徒に赦しを与えることができません。イエス・キリストの権限を委任されているわけではないからです。

*

アメリカには歴史のある私立大学が多くあります。牧師養成のためにつくられました。聖書やギリシャ語も教えましたが、歴史や哲学や政治や文学や芸術などのリベラルアーツも教えました。教会では、医師や軍人や科学者やビジネスマンや、さまざまな人びとが聴衆で、彼らに届く説教をする必要があるからです。こういう教育から、牧師も育ちましたが、政治家や実業家も育ちました。そこでこのカリキュラムが、多くの大学で採用されるようになりました。

アメリカでは、牧師は尊敬されています。収入は大したことありませんが、牧師館に住み、子どもが奨学金をもらいやすいなど、優遇措置もあります。

神父は独身を義務づけられていて、女性に近づけません。そのためもあってか、少年が神父から性被害を受ける事例がしばしば報告されます。事件を隠蔽《いんぺい》する体質もあって、大きな問題となっています。

*

神父や牧師が罪を犯したら、どうなるのか。

神父や牧師も、罪深い人間である点は、ふつうの人間と変わりません。ただし、職権を悪用して罪を犯した場合は、より大きな責任が生じるでしょう。

医師や弁護士は、職業上知りえた秘密を漏らしてはならないなど、高い職業倫理を求められます。神父や牧師も、人びとの内面や魂の救いに関わる仕事なので、ひと一倍、高いモラルが求められます。神はみておられます。

*

女性が牧師になることができるか。

宗派によって、認める教会と認めない教会があります。全体として、女性の牧師は増えています。

女性が神父になることができるか。

ギリシャ正教でもカトリックでも、女性が神父になることは認められていません。認めてもよいではないか、という議論はあるようです。

＊

神父（司祭）や牧師は、キリスト教のあり方ですが、ユダヤ教、イスラム教はどうなっているか。比較のため、のべておきましょう。

ユダヤ教には、聖職者はいません。昔は祭司がいましたが、神殿が破壊されたあと、いなくなりました。ユダヤ教の指導者は、ラビです。ラビは、タナハ（旧約聖書のこと。ユダヤ教の聖典）やその注釈書に詳しい学者で、信徒のコミュニティを指導するリーダーです。最近は、女性のラビもいます。

イスラム教の指導者は、イスラム法学者です。クルアーンやハディース（伝承）を学びイスラム法を実社会に適用します。世俗の人間で、聖職者ではありません。

ユダヤ教のラビも、イスラム法学者も、神の律法であるユダヤ法、イスラム法を、人びとの生活に活かすのに不可欠の仕事です。神父や牧師とは違った存在なので、混同しないようにしましょう。

21　どの教会に行けばいいですか

Q　教会に行ってみるなら、どの教会に行けばいいですか
教会によって、どんな違いがありますか
しつこく勧誘されたりしませんか

教会に行ってみるのは、いいことです。

たいてい日曜の午前に、礼拝を行なっています。ほかの曜日や時間帯に礼拝をする教会もあります。ネットで時間を調べましょう。

どの教会も、誰でも礼拝に参加できます。

＊

初めて参加する場合は、案内のひとが親切に教えてくれます。聖書や讃美歌集を貸してくれます。礼拝の式次第は、週報に書いてあります。途中、立ったり座ったりしますが、周りに合わせていれば問題ありません。

献金袋が回ってきたら、そのまま次に回してかまいません。小銭か千円を入れてもよいです。

パンとぶどう酒の儀式があった場合。洗礼を受けたひとが受けます。それ以外のひとは受けることができません。洗礼を受けていないひとは、席に座ったままでよいです。

礼拝が終わると、コーヒーで歓談したり、食事をしたりします。用事がある場合は、ここで失礼してもかまいません。

*

キリスト教の教会は、神さまが同じです。聖書も同じです。その点では、どの教会に行っても同じです。

けれども、キリスト教と似ていてまぎらわしい教会があるので、注意しましょう。

・末日聖徒イエス・キリスト教会…モルモン教の教会です。ふつうのキリスト教とは違います。
・エホバの証人…集会所を、教会でなく、王国会館といいます。礼拝で「ものみの塔」

という冊子を読みます。ふつうのキリスト教とは違います。

・クリスチャン・サイエンス…礼拝で、聖書のほかに『サイエンス・アンド・ヘルス』を読みます。ふつうのキリスト教とは違います。

＊

日本にあるキリスト教の教会は、大きく三つに分かれています。

・ロシア正教…東方のギリシャ正教の、一派です。教会の数はわずかです。

・カトリック…各地に教会があります。

・プロテスタント…日本基督教団が最大のグループで、ほかに多くの教会があります。

このほか、聖公会もあります。英国国教会のことで、プロテスタントですが、カトリックの雰囲気があります。

＊

日本基督教団という、日本独特の団体について説明しましょう。

プロテスタントは、長老派（プレスビテリアン）、会衆派（コングリゲーショナル）、ルター派、英国国教会、エピスコパル（アメリカの聖公会）、バプティスト、メソディスト、クエーカー、アドヴェンティスト、…などに分かれているのがふつうです。戦前、こうした各宗派のミッションが日本に伝道にやってきて、それぞれの学校や病院や教会をつくっていました。そのうち日本は、戦時体制になり、大政翼賛会が組織されました。政党は解散しました。文部省は、プロテスタントの各教会は日本基督教団にまとまれ、と指導します。外国のミッションは帰国しました。宗派の違いはなしになって、戦争に協力させられたのです。

＊

戦争が終わりました。本来なら、日本基督教団は解散して、もとの宗派ごとの教会に戻るところです。けれども、そのまま教団を維持し、現在に至っています。戦前からの伝統があり、ここは元は長老派、ここは元は会衆派、…のように、教会ごとのカラーがあるともいいます。

アメリカの教会は、各宗派が個性を主張していて、現代社会の問題を前にキリスト教会の使命を考える論争が活発です。たとえば、公民権運動、地球環境問題、ＬＧＢＴＱ、福音派、などなど。それに比べると、日本のプロテスタントは金太郎飴のようで、論争が低調です。残念なことです。

＊

日本基督教団の教会は、こういうわけで似たりよったりです。そうでない独立系のプロテスタントには、特徴のある教会もあります。

たとえば、セブンスデー・アドヴェンティスト教会。セブンスデーとは、土曜日のことで、聖書どおりなら土曜日が安息日だと、土曜日に集まって礼拝をします。そのほかの点でも聖書を重視します。進化論を認めない、など。

「アドヴェント」とは、イエス・キリストの再臨を待つ、という意味です。キリスト教として、正しい考え方ですが、聖書の読み方が独特です。

＊

しつこく勧誘されるかどうか。

教会の人びとは、新来者に対して親切です。歓迎してくれます。なんとか信仰の道に入ってもらいたい、と思っているのも確かです。

でも、しつこく勧誘はしないはずです。（もししつこく勧誘されたら、あやしい教会に来てしまった、と逃げ出しましょう。）

入り口で紙を渡され、名前と連絡先を書きましょう、と言われますが、書かなくても大丈夫です。

いくつも教会をのぞいてみると、教会ごとに雰囲気や考え方が違うことがわかります。続けて教会に行くかどうか決めるのは、それからでも遅くないでしょう。

*

海外に出張することの多いビジネス・ピープルの皆さんにお勧めは、日曜日にホテルの近くの教会に行くことです。コンシェルジュに聞くと、いろんな宗派の教会のリストを見せてくれます。土曜日なら、シナゴーグの礼拝が見学できます。金曜日なら、モスクの礼拝が見学できます。

22 教会に来るのは、よいひとですか

Q 教会に来るのは、よいひとですか、立派なひとですか
敷居が高くて、教会は近づきにくいです

教会に行かないと、キリスト教を信じることはできませんか

教会は、罪びとが集まるところです。

病院には、病人が集まります。治療が必要だからです。健康なひとは来ません。

教会には、罪びとが集まります。救いが必要だからです。罪のないひとは来ません。でも、罪のないひとはいません。

もしもあなたが、心に悩みを抱え、生きる希望がなく、弱くて孤独で頼りないと感じていたら、教会はあなたのための場所です。

＊

教会に行く理由は、なんでもかまいません。

にわか雨に降られたから、傘を借りよう。バザーで、掘り出し物をゲットしよう。なかには、小銭をくすねよう、という悪人もいるかもしれません。ともかく、教会に足を運べば、そのひとを神さまは歓迎します。

アメリカでは、海外からの留学生が、到着して最初に行くのは教会です。教会には倉庫があって、古いランプやソファーやベッドや、鍋や食器や、古着や日用品まで、一箇所で

揃ってしまいます。しかも、ボランティアの教会員が、トラックで下宿まで届けてくれます。リサイクルなのですね。それで用が足りれば、あとはもう教会に行かない、というチャッカリの学生もいます。でもなかには、その縁で、毎週礼拝に出席するようになる学生もいるのです。

メチャメチャなようですが、きっかけは何でもいいということがわかります。

*

この社会には、よいひとがいることになっています。立派なひともいることになっています。

でも、キリスト教の考え方は違います。人間はどんなに威張っても、神の前では、同じように罪人です。何人も人を殺し犯罪を重ねた重罪人も、おとなしく生きる市民も、神の目からみれば、区別なく同様に罪びとである。これが、キリスト教の考え方です。

あのひとはよいひと、立派なひとと思うことは、そのひとを信じるに足ると思うことです。それは、人間の見方です。神の見方ではありません。キリスト教では、神だけが信じるに足る／人間は信じるに足りない、と考えるのです。

*

日本人は、人間の交流を大切にします。

そこで、こんな教会になりがちです。

わたしたち教会のメンバーは、信仰があって、恵まれた人びと。

教会の外の人びとは、信仰がない、残念な人びと。

そこで、わたしたちメンバーが力を合わせ、教会を盛り立てましょう。

そして、信仰を広めて行きましょう。

——こんな教会に、新しいメンバーはやって来ません。たぶん。

なぜなのだろう、とみんなで考えこみます。

＊

アメリカの教会は、しょっちゅうメンバーが入れ替わります。

引っ越しが多いせいもあります。でも、それだけではありません。教会と教会はみな考え方が少しずつ違うので、ちょっと合わないと、教会を移るのです。

教会は、神の前に立つ場所です。

人びとが集まって祈ります。祈りとは、神と交流することです。

神と交流するのに、ほかの人間が邪魔になる場合があります。

その場合には、神との交流を優先しなければなりません。どの教会に行っても、神さまは一緒なのですから。

＊

その昔、フェリーニ監督の『道』というイタリア映画がありました。貧しい田舎の家に生まれたジェルソミーナは、ならず者の大道芸人ザンパノに売られてしまいます。助手・兼・愛人として、乱暴者で女癖の悪いザンパノと、オートバイで旅を続けます。嵐の晩、修道院に雨宿りする二人。ザンパノが祭壇の銀器を盗もうとすると、それだけはいけないと、ジェルソミーナは泣いて抗議し、そのあといろいろあって、結局、彼に捨てられます。旅を続け、大道芸にも行き詰まったザンパノは、思いなおしてジェルソミーナを捜しますが、結局みつからないのでした。

＊

ザンパノは、絵に描いたような罪びとです。修道院に泊めてもらっても、銀器を盗もうとする悪人です。ジェルソミーナはザンパノに、神がいてあなたを見ている、と伝える役目の天使です。神はすべての出来事を配慮して、整えています。ザンパノにジェルソミーナを与えたのは神ですから、彼女は神の使いなのです。教会はザンパノのような罪びとのためにこそある。『道』からは、こうしたメッセージが伝わります。

＊

神がいれば、教会はいらないではないか。

こう考えた明治の人びとは、無教会主義をつくりました。教会をつくろうとすると、どういう信仰を共にするか、人間同士が相談しなければならないからです。

けれども、無教会主義の人びとも、人間同士で相談しなければならない点は似たようなものでした。

教会は、いろいろ問題がありながらも、キリスト教の信仰をいまに伝えてきました。教会があるから、人びとはキリスト教を意識できるのです。

23 盗んだお金を、献金するのはいけないことですか

Q 盗んだお金を、献金するのはいけないことですか罰せられたりしますか

うむ、これもよい質問です。

まず、盗んではいけない。モーセの十戒にも「盗むな」とあるとおりです。だいたいキリスト教と関係なく、どんな社会でも盗みは罪である。モノには所有権というものがあって、たいていのモノはそのひとが生きていくのに必要です。それを、持ち主に断りなく持ち去ることを、「盗む」という。

*

誰かのお金を盗んだ。たまたまなら、出来心です。いつも盗んでいるなら、プロの「泥棒」です。

たまたま盗んで悪かったと思うなら、献金しないで、持ち主に返しに行くべきです。プロの泥棒なら、それが仕事なので、返すつもりがないでしょう。ならば、自分の収入なので、そこから献金するのは当然です。献金しなければ、盗んだことに加えて、なお悪いのです。

ただし、教会に献金したから、盗んだ罪が許されるとか、軽くなるのだとか、勘違いしないように。盗むのはいけないこと。献金はすべきこと。別々のことです。

＊

教会の献金のもとは、旧約聖書の十分の一税です。

旧約聖書（つまり、ユダヤ教）では、収入の十分の一を、神に献《ささ》げるように決まっていました。税引き前か後か、減価償却は、など詳しいことは決まっていません。だいたい収入の十分の一を払いなさい。ということは、十分の九（つまり、大部分）は、手元に置いておいてよいのです。神さまは、みんなが貧乏になることを望んでいない。ちゃんと生活できることが、信仰の前提です。

さて、人びとは、生きていくために、さまざまな職業につきます。まともな職業もあれば、ちょっとどうかという職業もある。十分の一税は、どういう手段で手に入れた収入か問いません。人間は罪深い存在なので、怪しげな収入もあるのです。それでも、十分の一を払うのが義務である。

＊

キリスト教会も、真似をして、教会への献金を十分の一税とよびます。

『ゴッドファーザー』という映画がありました。アメリカで犯罪を重ねるマフィアの話です。イタリア系の移民なので、カトリック。恐喝や殺人や、さんざん悪事をはたらきながら、日曜日には教会で、神妙な祈りを捧げます。献金もするでしょう。それが当然、ということになっています。

教会では、献金のお盆や袋が座席を回ってきます。係のひとは、「どうぞ清めてお使いください」と祈ります。悪事で稼いだ献金も混じっているけれどよろしく、なのです。

＊

たくさん献金するひとが偉いのか。

イエスは神殿で、みなが献金するところを見ていました。金持ちはたくさん、ほかのひとはそれなりに、献金していきます。貧しい女性がやってきて、なけなしの硬貨を二枚献金しました。イエスは言います、「彼女がいちばんたくさん献金した、自分のできるだけを献金したからだ」。金額は問題ではないのです。

誰がいくら献金したか、公表したり、気にしたりするのもいけません。イエスは言います、「よいことをするなら、右手がすることを、左手に知らせないようにしなさい」（マタイ福音書6章3節）。献金は、そのひとと神との関係なので、ほかのひとは関係ないのです。

＊

日本の神社やお寺では、誰がいくら献金したか、貼り出したり、石に刻んだりします。奉加帳には、金額と名前を書いたりします。誰がえらいか、みたいな話になってしまいます。どちらも、キリスト教のやり方ではありません。

＊

献金は、神に対するプレゼントではありません。そもそも、人間は神にプレゼントすることができません。すべては、神のものだからです。

会社で、あなたの部下が結婚することになった。じゃあ、お祝いに、真珠のネクタイピンを贈ろう。しばらくして、あなたの息子が結婚することになった。今度は部下から、贈り物が届いた。開けてみたら、例の真珠のネクタイピン。どういうつもりだ、とあなたは怒るでしょう。もともとは私のものじゃないか。

神さまは、地球を造り自然を造り、人間も造り、人間の生活を整えるために、さまざまな恵みを与えています。人間のものは、ひとつもないのです。人間は恵みに感謝すればよい。それを、神さまにプレゼントして機嫌をとろう、などと考えてはいけません。

献金も同じです。もともと神のものである私の収入の、一部を神の（つまり、教会の）役に立てるために、返却する。これが献金。自分のためではなく、神のためである。これを理解していないと、献金は献金になりません。

仏教の布施（これは、プレゼント）とは、違うのですね。

【説教７】警察に連絡してよかったのか

これは、ある教会の白人牧師の説教の一部です。

今週あったことなのだが、教会の建物で、夕方暗くなってから物音がする。行ってみると、人影がみえる。誰かが侵入したらしい。私は恐ろしくなって、すぐ９１１（警察の電話番号）に電話した。警官がすぐやってきて、侵入した犯人の身柄を拘束し、連れて行った。

それで一件は落着したのだが、そのあと私は、我に返って、激しい後悔に襲われた。自責の念だ。侵入した彼は、教会だと思って、教会に助けを求めに来たのに違いない。一夜の宿を借りたい。食べ物がないだろうか。牧師に会えないか。あるいは、なにか金目のものがないか、でも構わない。彼は助けを必要としていた。私には何か、できることがあった。それをしないで、しようともしないで、私は警察を呼んでしまった。彼のことをさし置いて、自分のことだけ考えた。教会は、神の家である。これは、神の家をあずかる、牧師にふさわしいふるまいだろうか。

私にそもそも、牧師をつとめる資格があるのか。その日から、私は絶望的な気持で数日

間を過ごした。今日の礼拝まで。

だから私は、告白する。私は罪を犯した。神の教えに従わなかった。何が教えられているのか、よくわかっているのに。だから、信徒の皆さんの前で告白する。私も弱い人間であることを。罪びとのひとりであることを。

この牧師は、良心的で心優しい牧師です。ふだんはユーモアを解し、楽しい説教をします。でもこの日は、辛そうな告白でした。彼を責めることは誰にもできないと思います。

神の教えは、ときに厳しいのだと、わかる説教でした。

24　なぜあるひとは、天才ですか

Q　なぜあるひとは天才で、あるひとは凡人なのですか　神さまは、不公平ではありませんか

天才は、神の恵みを受けている、といいます。

ふつうの努力（人間のわざ）では説明できない才能が、あるとしか思えないひとがいます。神さまがそのひとを、そのように造ったのでしょう。

どうして人間には、能力に違いがありますか。神さまは、不公平ではありませんか。

＊

当然の疑問です。

『アマデウス』という映画がありました。モーツァルトの生涯を描いています。

モーツァルトは子どものころから父親の英才教育を受け、頭のなかは音楽ではち切れそ

うです。あとからあとから曲想が湧いてきます。人びとはモーツァルトの音楽を聴くと、天国の音楽のようだと思いました。

そこまでの才能がなかった宮廷音楽家のサリエリは、モーツァルトに嫉妬しました。不公平な神を恨んで、十字架を燃やしてしまいます。そしてモーツァルトを陥れようとします。モーツァルトは無邪気で、音楽のこと以外はまるでだらしなく、未熟な人間に描かれています。才能とは何だろう、と考えさせられます。

＊

こう考えられます。

神さまは、人間を一人ひとり、違ったように造ります。アダムもイブも、カインもアベルも、ジョンもメアリーもエリザベスも、ひとりとして同じ人間はいません。世界にたった一人しかいない、取り替えのきかない、唯一の存在です。そういうあなたが存在すべきだと、神さまは考え、あなたを造ったのです。

神さまにとって、すべての人間は、みな大事です。神さまの作品なのですから。神さまにとって、どの人間も存在する理由があります。誰にどんな才能があろうとなかろうと、神さまの目からみれば、一人ひとりの人間が存在する意味や価値は、変わりません。

＊

才能とは、人間の個性をある側面からみた言葉です。

誰それは走るのが速い。誰それは歌がうまい。誰それは計算が得意だ。…人間にはひとそれぞれ、特徴や個性があります。一人ひとり違うのですから、特徴や個性があるのは当たり前です。

人間はそれをくらべて、誰それには才能がある、などと言います。神さまの目に、そんなものがあると見えるのか、わかりません。

ジョンは、サッカーの才能がありました。プロになって、才能を思う存分に発揮しました。でももし、サッカーのない国や時代に生まれていたらどうでしょう。ジョンの才能は埋もれたまま、誰にも気づかれなかったはずです。

とすれば、誰だって、自分も周りのひとも気づかない、いろいろな才能が埋もれているのです。それが表に出てくるかどうかは、運次第なのです。

＊

もしも自分に、なにか才能があるかもと思ったら、努力してみるべきです。努力しなければ、才能があるかどうかわかりません。才能は、神の恵みです。神の意思です。努力すれば、それを掘り出すことができます。

誰かが言いました。努力して、努力して、あきらめないこと。それが天才である、と。努力しないのに、何かが楽々できる、なんてことはありません。でも、努力しさえすれば何でもうまく行くわけではありません。努力は、神さまと人間の交流なのです。

*

そして、もっと大事なこと。

神さまは、私たち人間一人ひとりに、命と、生きていく道を与えてくれています。そして、知ろうと思えば神のことを知り、信じようと思えば神のことを信じるチャンスを、与えてくれています。

地道に生きて、生活できる。人間として、喜びも楽しみも悲しみもある人生を、与えられている。一人ひとりが違い、めいめいが生きる意味と価値を味わっている。これを感謝して、受け入れましょう。これが、キリスト教のいっていることです。

この世界に、私が造られてこうして生きている。これが、神さまの奇蹟でなくて何でしょうか。このことが、このことだけが大事であって、あとはどうでもよいことです。私以外の人びとも、みなそうやって造られ、神さまに支えられて生きています。その人びとと隣人として支え合わないで、どうしましょう。

*

個々人の違いを、人間の思いで、才能があるとかないとか言っても、大した意味がないのです。世界にたった一人しかいない私を、この世界に造り出した神の計画はなんだろうと考えることのほうが、ずっと大事なのです。

25　科学の時代に、キリスト教は意味ありますか

**Q　この科学の時代に、キリスト教を信じるなんて意味ありますか
非合理で、時代遅れではありませんか**

もっともな疑問です。

でもキリスト教が、時代遅れだとは、簡単に言えません。科学が現れました、じゃあキリスト教が廃《すた》れます、という関係ではないからです。

＊

科学は、自然を実験・観察することによって、真理（正しい結果）を導く活動です。科学がどのように始まったか、おさらいしてみます。

＊

中世には、科学はありませんでした。ヨーロッパでは（どこでもそうでしたが）、正しいことは昔にもうみつかっていて、それは本に書いてある。だから本を読めばいい、という態度でした。その本は、アリストテレスの『自然学』でした。

アリストテレスは、キリスト教より前のひとですから、『自然学』は聖書のとおりに書いてあるわけではありません。でも違いは目立たなかったので、まあいいことになっていました。聖書とアリストテレスを両方読む。これが、スコラ学です。大学で、スコラ学を教えました。本を読むだけですから、科学ではありません。

＊

そのうち、自然に興味をもって、観察したり実験したりする人びとが出てきました。

なぜ自然に興味をもつかというと、神が自然を創造した、とキリスト教が考えるから。「創造」の考え方がないインドや中国では、自然そのものを研究しようというひとはあまり出てきません。

イスラム教には、創造の考え方があります。けれども、イスラム教のクルアーン（コーラン）は、くわしい法律のかたまりで、これを読み解くイスラム法学者が、いちばん偉いことになっていました。みんなサッカー選手になるのでマイナーな競技が廃れるみたいな感じで、自然科学は盛り上がりませんでした。

ヨーロッパでは、経済や政治や軍事が発展すると、自然に興味をもつひとも増えてきました。経済や政治や軍事は人間の領域ですが、自然は神の領域だからです。

＊

天体を観察したり、実験を行なったり、生物を観察したりするのは、最初、好奇心の強いアマチュアでした。時間とお金がないとできません。その結果を、論文に書いて発表しました。これもお金がかかります。

こうしてだんだん、学者のネットワークができあがります。

自然科学を始めた人びとは、キリスト教の信仰をもっていました。信仰上の疑問を解決しようとしました。だから自然に興味をもったのです。

ニュートンは、天文学と物理学を統合する、万有引力の法則を導き出して、大成功を収めました。万有引力の法則は、聖書に書いてありません。そして、ニュートンの意見ではなくて、自然の法則（神が定めたルール）です。そこで、自然科学は、教会と独立に、自然を研究する学問として、社会に認知されました。

＊

自然科学は学問の分類では、哲学です。大学は、神学／法学／医学／その他（哲学）、に分かれていたので、哲学なのです。いまでも自然科学の学位はＰｈ・Ｄです。

自然科学をやっても、大学にポストはありませんでした。自然科学では食べていけません。でも一九世紀になると工業が盛んになって、大学が増え、物理や化学や生物など、自然科学の講座もできました。自然科学を職業にする科学者がうまれました。

こうなると、科学者はもう、キリスト教の信仰と直接に関係ありません。ただ自然科学が好きで、職業にしたいと思っている人びとが、大学で自然科学を学びます。

＊

さて、本題に入ります。

自然科学が全盛の時代に、キリスト教を信仰することは、意味がないのか。もう時代遅れなのか。

そんなことはありません。科学と宗教は、別々の役割をもっているからです。

科学の特徴。自然について、信頼できる知識をもたらします。実験と観察にもとづいているので、誰でも同じ結果を確認できます。だから信頼できます。科学は、人類に、ひとつしかないのです。

だから学校では、理科を教えます。理科の内容は、民族や言語や宗教に関係なく、世界中で同じです。理科は、人類に共通の土台を提供する役割があります。

＊

いっぽう、キリスト教は、信仰です。信仰なので、信仰することもしないこともできます。だから、イスラム教やヒンドゥー教や儒教や…といった、別な宗教を信仰する人びともいるのです。宗教は、科学と違って、人類にひとつしかない、とはならないのです。

宗教は、人間がどう考え、どう行動すればよいか、を示す働きがあります。

これは、人間と人間のつくる社会に関係するので、自然とは関係しません。社会のつくり方はさまざまなので、宗教もさまざまです。人類の歴史をみると、宗教を基軸にしたいくつもの人間の集団（文明）ができていることがわかります。キリスト教文明、イスラム文明、ヒンドゥー文明、儒教文明、などですね。

人びとは、これまでの人類の歴史を踏まえて生きているので、この文明のどれかにコミットして生きています。だから、現代でも、キリスト教徒であったり、イスラム教徒であったりすることに、意味があります。

*

結論。

人びとが生きていくのに、科学と宗教は、どちらも必要です。

科学は、人びとが生きる自然環境についての、正しい知識を与えます。宗教は、人びとが共に生きる社会についての、正しい生き方を与えます。どちらか片方で、もう片方を代用することはできないのです。

とは言え、ますます多くの人びとが、宗教は信じなくてもいいや、という生き方をしています。宗教なしで、この社会をどう生きるか。科学は教えてくれません。そうすると、自分で考えなければなりません。哲学です。哲学を代わりに、生きるしかないのです。

*

二〇世紀の若者は、哲学で生きようとしました。マルクス主義です。実存主義です。やってみるとわかりますが、何から何まで哲学で考えるのは、大変です。時間がいくらあっても足りません。それに、哲学は「いろいろな人びとの意見」なので、いくつもあって互いに争っています。

哲学が、宗教の代わりになるか。なるとは言えないと思います。

この本を読めばわかるように、宗教には、さまざまな人生の問題を考えてきた分厚い蓄積があります。人びとの悩みに答えてきた実績があります。人類文化の大事な成果のひとつです。宗教は時代遅れでもないし、簡単に捨て去ればいいというものでもありません。科学と同様、宗教もこの先、人類の大事な財産であり続けるでしょう。

26 クリスマスは、どんな日ですか

Q クリスマスは、イエス・キリストの誕生日ですか
サンタクロースは、誰ですか
なぜ、もみの木のクリスマス・ツリーを飾りますか

クリスマスは、12月25日で、イエス・キリストの誕生日。
ベツレヘムの馬小屋で、旅の途中に生まれました。
羊飼いがやってきました。星を追って、東方の三博士が贈り物をもって訪れました。
クリスマスの定番の、お話です。

＊

でもクリスマスは、イエス・キリストの誕生日ではありません。
初期のキリスト教会は、クリスマスを祝っていませんでした。

聖書のどこにも、イエス・キリストが12月25日に生まれた、と書いてありません。イエスの弟子たちが、イエスの誕生日を知っていた様子もありません。

むしろ、12月25日に生まれたと考えると、つじつまの合わないところがあります。羊をつれた羊飼いがやってきた、といいます（ルカ福音書2章8―20節）が、冬のその時期は寒くて、夜間に羊を野外に連れ歩かないのです。

*

イエス・キリストの誕生日が、12月25日になったのは、四世紀ごろのこと。学者の説をまとめると、こうです。

当時、キリスト教は、ほかの宗教と張り合っていました。強力なライバルに、ミトラ教がありました。この宗教は、太陽の神ミトラを祀《まつ》る宗教で、ミトラは冬至にあたる12月25日に死んで甦ります。それを祝って、大々的にお祭りをし、人びとの人気を集めていました。そこでキリスト教も対抗して、お祭りをぶつけることにしました。12月25日を、イエス・キリストの誕生日にしたのです。

というわけで、キリスト教は、クリスマス＝イエス・キリストの誕生日、を祝うようになりました。

＊

ナザレのイエスは、ナザレの村で生まれたと考えるのが自然です。

うんと離れたベツレヘムで生まれたことになっている（マタイ福音書2章1―11節）のは、預言者ミカが、「ベツレヘムからやがて、イスラエルを治めるものが出る」とのべているからです（ミカ書5章1節）。

東方の三博士がやってきた、というエピソードも眉つばです。彼らは、異教の占星術師ではありませんか。イエスにふさわしくない。でも、ユダヤ教の重要人物がやってきた、と書けば、そんな事実はないとすぐ反論されてしまいます。東方の三博士なら、言ったもの勝ちです。東方の三博士と羊飼いがやってきた、は、イエスの誕生は特別な出来事ではなかった、です。

＊

クリスマスとクリスマス・イブ問題も片づけておきましょう。

クリスマスの当日より、クリスマス・イブのほうがにぎやかで、子ども心におかしいなあ、と思いませんでしたか。たぶんこういう理屈です。

ユダヤ暦は、日没から日没までが、一日だったのです。時計がないので、真夜中に次の日になるわけではありません。クリスマス・イブとクリスマスは、元はひと続きで、12月25日だったのですね。

でも太陽暦と時計のおかげで、一日は、夜中の12時から始まることになりました。そこで、12月25日が、クリスマス・イブとクリスマス当日に、分かれてしまいました。でもクリスマスの晩餐は、クリスマス・イブに祝います。そこで、イブのほうがにぎやかになってしまったのです。

ちなみにクリスマスの日付は、西方教会（カトリックとプロテスタント）と東方教会（ギリシャ正教会）で、ズレています。東方教会はグレゴリオ暦を使わないで、ユリウス暦のままだからです。ユリウス暦の12月25日は、グレゴリオ暦では1月7日にあたります。

*

クリスマスと言えば、サンタクロース。でももともと、サンタクロースはクリスマスと関係ありませんでした。

サンタ伝説の起こりは、四世紀にトルコ半島にいた聖ニコラウス。貧乏人を救おうと金貨を投げ入れたら、暖炉の靴下に入ったという。これがヨーロッパ各地に広まり、12月6日に子どもにお菓子を配る老人、みたいな伝説になったのです。アメリカには、一七世紀にオランダから伝わって、サンタクロースになったらしい。トナカイの橇《そり》に乗るとか、煙突から入ってくるとかは、後から尾ひれがついたもので、アメリカ風です。デパートの宣伝も追い風になり、いつの間にかクリスマス風俗の一部になりました。

*

クリスマス・ツリーは何なのか。

これももともと、クリスマスとは何の関係もなく、ゲルマン人が昔、冬至の祭に常緑樹を飾っていたものです。そのうちドイツでは、クリスマスにもみの木を飾るようになりました。これがイギリスに伝わったのは一九世紀、ビクトリア女王のときだとわかっています。

アメリカにも、ドイツの移民がクリスマス・ツリーを持ち込みました。ピューリタンの教会は、「異教の習慣だ」と反撥しました。アメリカでは、クリスマスを祝わない教会も多かったのです。

二〇世紀には、今日のようなクリスマスが一般化し、広場に大きなツリーも飾られるようになりました。

ただし最近、公共の場所に、あからさまに宗教の飾りを飾りつけることは、自粛する傾向にあります。あいさつも、「メリー・クリスマス」を避け、「ハッピー・ホリデイズ」といいます。クリスマスのほかに、ユダヤ教のハヌカも、中国や日本の新年もあるというわけで、ホリデイズと複数です。

＊

教会の讃美歌集はふつう、テーマ別になっていて、クリスマスのときに歌う定番の讃美歌もいくつもあります。

クリスマス礼拝には、ふだん教会に足を運ばないひとも家族連れで押しかけ、クリスマスの讃美歌で盛り上がります。教会堂は満員で、日本の初詣のような賑わいです。

ラジオやレコードが普及すると、クリスマス・ソングが沢山つくられました。讃美歌と違って、ポップです。デパートや商店街でひっきりなしに流して、売上げをのばすのにちょうどよいのです。有名なクリスマス・ソングの作曲家に、ユダヤ人が少なくないのは皮肉なことです。

27　千年王国は、ほんとうに来ますか

Q　千年王国は、ほんとうに来ますか
千年王国は、天国のようなものですか

千年王国（millennium）は、新約聖書の「ヨハネ黙示録」に出てきます。

パトモス島のヨハネ、という預言者が、世界の終わりの幻を見ました。それをまとめた書物に書いてあります。だから、キリスト教の信仰の一部です。

＊

世界の終わりが近づくと、イエス・キリストが、天使の軍勢をひき連れて、雲に乗ってやってきます。イエスの再臨です。

「ヨハネ黙示録」に書いてあるとおりだと、

　イエスの再臨　⬇　千年王国　⬇　最後の審判　⬇　神の王国　（a）

の順番になります。

千年王国と神の王国は、違うことに注意しましょう。

＊

終末（世界の終わり）と、最後の審判と、神の王国があれば、もう十分なはずなのに、なぜその前にもうひとつ、千年王国があるのか。（ちなみに、イスラム教には、千年王国にあたる考え方はありません。）

それは「ヨハネ黙示録」に、いじめられたキリスト教徒の怨念《おんねん》がこめられているからです。

千年王国は、「義《ただ》しい」とされた特別の人びとが、ごほうびに、ひと足先に復活するなどして、地上を統治し、悪を屈伏させます。その長さは、千年間です。

それに対して、神の王国は、地上ではなく、どこか別の場所に新しく造られます。千年王国が済んだあと、残った人間もすべて復活します。そのうち救われた人びと全員が、神の王国に入ります。神の王国は、永遠に続きます。

＊

世界の終わりの幻をみたヨハネはどんな生涯を送ったひとなのか、よくわかりません。

「ヨハネ黙示録」を読むと、迫害されて苦しい目にあい、殉教して命を失った人びとが、特別待遇される様子が描かれています。ほかの人びとと一緒に復活して、神の王国に招かれるだけでは割に合わない、不公平だ、という感覚があった。だから、こんな幻をみたのだと思います。

そして、「ヨハネ黙示録」を読んだ多くのキリスト教徒も、そうだそうだ、と思った。だから、新約聖書に加えられました。

正直に言えば、「ヨハネ黙示録」は、かなりプッツンな内容です。読み方がむずかしいので、日本の教会ではスルーして、あまり詳しく説明しません。

アメリカの教会では、「ヨハネ黙示録」も、ちゃんと読みます。そして、態度をはっきりさせます。

*

その結果、つぎのような考え方も出てきました。

千年王国 → イエスの再臨 → 最後の審判 → 神の王国　（b）

さきほどの（a）とは、千年王国とイエスの再臨の順番が違います。まず千年王国が実現する。そのあと、イエスが再臨して、最後の審判が始まる、というのです。

（a）を、プレミレニアリズム（千年王国前イエス再臨説）といいます。
（b）を、ポストミレニアリズム（千年王国後イエス再臨説）といいます。
原理主義や福音派はおおむね（a）の考えを、アメリカの多くのプロテスタント教会は（b）の考えを、とっています。

＊

どこが違うのでしょうか。
（a）のプレミレニアリズムによると、人間はあまりに罪深くて、自分で地上の悪をなくすことができません。むしろ、地上の悪そのものです。そこで、イエス・キリストが天使の軍勢を率いて、地上の悪を一掃しないと、千年王国になりません。千年王国をつくるのは、イエス・キリストなのです。
ゆえに、人間が自分の力や理性をたのんで、地上をよくしよう、社会を改良しよう、などと計画するのは、間違いであることになります。社会福祉も間違い、社会主義や共産主義も間違い、地球温暖化対策も間違い、貧困撲滅も間違い、富の再分配も間違い、新型コロナのワクチン接種も間違い、になります。それは、神に対する信仰が足りないか、なっていないせいです。

これに対して、(b)のポストミレニアリズムによると、人間は神の恵みを受けているので、自分で地上の悪をなくしていくことができます。イエス・キリストの十字架による贖いと、聖霊のはたらきのおかげです。だから、人権や社会正義を守ったり、社会福祉を進めたり、オバマケアで医療保険を完備したり、科学技術に投資したり、地球温暖化対策を進めたりするのは、神の意思にかなっています。

(b)の考えのほうが、常識的で楽観的です。キリスト教の信仰にもとづいて、よりよい社会を建設することができます。でもそんなこと、聖書のどこに書いてあるの、と原理主義や福音派の人びとは思います。

*

原理主義や福音派の人びとは、聖書(神の言葉)にもとづいて、ものを考え、行動しようとします。すると、アメリカの現状は間違っているようにみえます。信仰心が薄れている。そこで、社会福祉を進めたり、LGBTQに寛容だったり、貧困対策や国際協調に熱心だったりする民主党は、まちがっていると思います。共和党に投票しよう、トランプ大統領を支持しよう、になるのです。

【説教8】自分を責めてはいけない

アメリカには、テレビ伝道師（テレヴァンジェリスト）が何人もいます。ジョイス・マイヤー（Joyce Meyer）はその一人で、それなりに有名です。ケーブルTVの宗教チャンネルで何度も観ました。ミズーリ州セントルイスの出身で、庶民的な様子の、親しみやすい白人女性です。YouTubeの説教から抜粋します。

私は父親から、性的虐待を受けたので、そのあとずっと怨《うら》んだの。最初の結婚も、五年間の苦しみは、ひどいもんだった。

子どもは、虐待されても、自分が悪いと思ってしまうんです。自分を責める。でも、自分を責めてはいけないのね。神のなかで「休む」。安らぎが大切なの。

神さまは、六日目に、人間を造ったでしょ。そして、七日目に休みました。だからアダムは、最初から休んだんです、神さまと一緒に。私のなかには、イエス・キリストがいるのね。だから大丈夫。そう思えば、外がどんなにひどくても、イライラすることが多くても、安らかでいられる。

高校のとき、先生が私に、キミは文章の才能があるねって。でも大学は行かなかった。

行きたかったけど、家を出て結婚したし。それどこじゃなかった。でもね、いま私は、もう一三五冊も本を書いたんです！（拍手） そして、世界百カ国以上で翻訳されている。デブルが何を奪ったとしても、神さまはもっとたくさん与えてくださるんです。

過ちを犯すたびに、反省します。でも、二度と過ちを犯しませんとか誓ってはだめ。どうせまた罪を犯すんだから。私たちの罪のため、イエスさまは十字架で償って下さった。自分を責めて、神から遠ざかってはいけません。神さまと一緒に歩く。一歩一歩が選択です。あなたとあなたの子孫のために、正しく歩きなさい。子どもたちがこの前、言ってくれました。お父さん、お母さん、二人が私たちのためいろいろ犠牲を払ってくれたから、いまがあるよって。嬉しいじゃないですか。

神さまの安らぎがあれば、何も怖くない。神さまはあなたがた一人ひとりのこれからの人生のために、すばらしい計画を用意して下さっているのです。

この説教のタイトルは、Walking By Faith。二〇二〇年、体育館のようなメガチャーチでの講演です。

28 福音派は、どういう人びとですか

Q トランプ政権を支持したという、福音派はどういう人びとですか 原理主義（ファンダメンタリズム）とどう違いますか なぜ最近、勢力が拡大したのですか

福音派は、キリスト教を純粋に、熱心に信仰する人びとの総称。英語でエヴァンジェリカル（Evangelical）といいます。

福音派という名前の教会があるわけではありません。アメリカの南部の諸州にはバイブルベルト（聖書地帯）といって、熱心な信仰をもつ人びとが集まっています。そうした人びとを、福音派とよぶようになりました。

福音派なるものがあるのが、アメリカのキリスト教の特徴です。

＊

福音派の源流を、「大覚醒運動」にさかのぼることができます。「大覚醒運動」（Great Awakening）は、一八世紀から何回かにわたってアメリカ各地を襲った、宗教的な熱狂です。

アメリカの教会では、回心（conversion）体験が重視されていました。回心とは、神が働きかけて信仰に目覚める神秘体験です。生まれ変わりともいいます。洗礼を受けても、回心体験がない。自分は半人前ではないか。救われないのではないか。そういう不安な心理が限界に達すると、村から村、町から町へと、熱狂が山火事のように燃え広がって行きます。人びとは教会に押しかけ、満員です。こうして、誰もがどこかの教会に所属する、アメリカ社会ができあがります。

山火事のきっかけは、しばしば巡回説教師です。教区の牧師は、神学校を出ているが、話が面白くない。巡回説教師は、どこの馬の骨ともわからないが、とにかく話がうまい。今日はこっち、明日はあっちと、説教をして歩く。教会は使えないので、野外にひとを集めることが多い。まあ、興行だ。いまにも最後の審判があって永遠の火で焼かれるかも、と肝を冷やした人びとが震え上がって、我さきに回心してしまうのです。

＊

大覚醒運動は、人びとの自発的な信仰再生運動で、草の根に教会が行き渡りました。そして、アメリカならではのバプティスト、メソディストといった教会が、人数を増やしました。こうした地元に根づいた教会が、福音派の土壌になります。

福音派を定義してみると、聖書を「神の言葉」だと考える人びと。なんだ、当たり前じゃないか、と思わないでください。彼らにとって、本は二種類あるのです。

・聖書…神の言葉

・それ以外の本…人間の言葉

書店には、印刷された本が、ずらりと並んでいます。でも「神の言葉」は、聖書（とそれを読み解く説教師の書物）だけ。説教師の本は、聖書売場の近くに、「クリスチャン・インスピレーション」の棚があってまとまっています。神の言葉は、間違いがない。人間の言葉は、間違いが多い。よって、両者が喰い違う場合は、ためらわず聖書のほうを取るのです。

＊

新型コロナのワクチン接種が始まると、ワクチンは接種しない、マスクもしない、という人びとがアメリカに現れました。かなりの部分が、福音派です。どういうロジックなのでしょう。

マスクは、こうです。神は自分に、息（生命のこと）を与えた。マスクは、人間のわざである。特に行政府が、マスクの着用を強制することは、神の意思に反している。

ワクチンは、こうです。コロナウイルスは自然のもの、つまり神のものである。ワクチンは、人間が人為的につくり出した。副作用で死ぬとしたら、殺人である。行政府がそれを強制することは、神の与えた人びとの権利を侵害するものである。

もしも新型コロナウイルスが、研究所で開発されたもので、そこから漏れだし、外国政府がその事実を隠していたとすれば、福音派の人びとは強烈に反応するでしょう。

みながワクチンを接種することは、合理的です。科学者の一致した意見です。しかし、福音派の人びとは、科学を信頼しないのです。どうせ人間の意見なのですから。

ユニタリアンと福音派は、対照的です。ユニタリアンは、自然科学に合わせて、キリスト教をつくり変えました。福音派は、キリスト教をそのままにして、自然科学を拒否するのです。

＊

福音派は、宗教の枠にとどまっている限り、大きな問題はありません。けれども、ここ数十年ますます、政治勢力として重視されています。

福音派は、政治的には「宗教保守」として行動します。

福音派は、アメリカが本来あるべき状態から逸脱している、と憂えています。自分たちが取り残されているとも思っています。主張の要点を整理してみます。

1. アメリカは神の祝福を受けた国で、キリスト教信仰を軸に国を動かすべき
　…でも、民主党のケネディが学校から聖書を取り除いてしまった
2. 政府は、信仰と教会を尊重すべき
　…多様性を尊重し、PC（ポリティカル・コレクトネス）を強調するのは間違い
3. 政府（人間の権力にすぎない）が、社会をよくしようとするのは誤り
　…社会主義や、社会福祉は、政府が税金（権力）で市民生活に介入するので誤り
4. アメリカは、国際社会の紛争に巻き込まれるべきではない
　…イスラエル支持、イスラム反対、共産主義反対、地球温暖化に懐疑的
5. ワシントンとウォール街の「闇の政府」（ディープステート）がアメリカを支配
　…職業政治家、大企業、大学のインテリ、民主党、移民に対する不信感

こう考える人びとは、キリスト教信仰の有無、キリスト教信仰への理解、を基準に候補

者に投票します。

福音派が基本、イスラエル支持なのは、聖書に、ユダヤ人の約束の地、と書いてあるからです。国際関係を考えてのことではありません。

突然現れたトランプ候補は、「共和党をぶっ壊す」救世主にみえました。その昔の、巡回説教師のようでした。共和党の多数は、トランプ票にあずかろうと、トランプ・サポーターになりました。

＊

アメリカで、キリスト教の信仰はじり貧をたどっています。都市部の若い人びとは、教会にあまり行きません。その昔の学生反乱やヒッピーやカウンター・カルチャーや、ニューエイジや瞑想ブームや、フェミニズムやさまざまな社会運動に、農村部の人びとはついて行けません。アメリカの社会問題は全部、キリスト教信仰がすたれたせいだと、考えるのです。

それを、グループにくる名前が、福音派。アメリカ社会の変化についていけない、反動形成と考えられます。

29　ユニタリアンは、キリスト教ですか

Q　ユニタリアン教会があるそうですが、キリスト教なのですか
イエスをただの人間、と考える教会だと聞きました

ユニタリアンは、アメリカで一時期、大きな影響力をもった教会です。いまでもキリスト教会の宗派のひとつとして、数十万人のメンバーがいます。

＊

キリスト教会はほぼ例外なく、三位一体を信じています。父（天の父なる神）と子（イエス・キリスト）と聖霊とが、三つの顔をもつけれども実体は一つである、と考えるのです。これは、四世紀ごろ、公会議で採択されました。

問題は、三位一体の考え方が、聖書には書いてないことです。

そこで、「聖書だけが正しい」と考えるプロテスタントは、三位一体を信じるのをやめても不思議はありません。実際に、やめてしまったのが、ユニタリアン教会です。

＊

三位一体（トリニティ）をやめると、どうなるか。神は唯一である（ユニティ）の教えに戻ります。ユニタリアニズムです。

ユニタリアニズムは、ヨーロッパの一部で、わずかに広まっていました。それが盛んになったのは、一八世紀のアメリカです。

きっかけは、自然科学が大発展したことでした。

キリスト教は、自然（天体も地球も、植物や動物や人間も、…）は神が造った、と考えます。自然を支配する自然法則は、神が定めた秩序です。自然法則を明らかにする自然科学は、人間の活動ですが、同時に、神の創造のわざを解明する神聖な仕事であると考えられました。

ガリレイやケプラーやニュートンの活躍によって、自然を支配する法則が、だんだん明らかになってきました。そして、自然科学の結論のいくつかは、聖書に書いてあることと喰い違うこともわかってきました。どうしよう？

＊

アメリカのプロテスタント教会の特徴は、さまざまな教会があることです。

ヨーロッパの場合、地域によって、どんな教会があるかだいたい決まっています。ドイツや北欧ならルター派。イギリスなら英国国教会。スペインやフランスやイタリアならカトリック。けれどもアメリカは、移民の国なので、どの町もいろいろな教会がごちゃまぜになっています。アメリカ独自の教会も多くあります。人びとは、自分の考えに従って、教会を選びます。どういう信仰が正しいか、自分の意見を言い、意見が合わなければ教会を移るのは当たり前のことです。

＊

アメリカの教会の原点は、ピューリタンでした。

ピューリタン（清教徒）とは、おおざっぱな名前なのですが、まあカルヴァン派のことです。アメリカでは、会衆派（コングリゲーショナル）教会として活動しました。

会衆派のプロテスタント教会が、アメリカ社会の骨格をつくったと思います。

どうしてかと言うと、直接民主制で、何でも自分たち（会衆）が決めてしまうのです。よその教会や本部の言うことは聞きません。地元の教会が、それぞれ独立しているのですね。教会の総会で、大事なことをみんな決める。今度の牧師を誰にしようか。書記や会計など役員の選挙。礼拝の進め方。牧師の候補者に牧師の資格を与えたり、自分たちの教会の信条を決めたり、もします。神以外の誰にも従わないぞ。このやり方が、アメリカ民主主義の原点になっています。

＊

会衆派ははじめ、アメリカでは主流でした。

最初の大学（ハーバード大学）をつくって牧師を養成したのも、会衆派でした。大学と教会は一体で運営されていました。

ところがそのうち、大学の科学部門（物理学や化学や生物学や医学や…）が大きくなります。教会の信仰はこれまでのままでいいのか、科学の進歩に合わせて見直すべきか、大論争になりました。

論争の結果、ハーバード大学は、会衆派（コングリゲーショナル）からユニタリアンに看板を掛け替えることになりました。それまで会衆派だった附属教会も、ユニタリアン教会になりました。これまで通り会衆派のままでいいとした反対派の人びとは、分裂して去って行きました。イェールやプリンストンは、反対派の人びとが建てた大学です。

ユニタリアンは、自然科学を受け入れ、社会の進歩を受け入れようとする、リベラルなキリスト教会の動きの代表です。けれども、多くのふつうのキリスト教からみると「行き過ぎ」にみえました。

ユニタリアンは言います。イエスは、神の子ではない。人間で、偉大な教師だ。よいことをいっぱい言っているのだから、学ぼう。人間に原罪があるとも信じません。洗礼も、パンとぶどう酒の儀式もありません。ほかの教会からみると、なんだこれは、です。

＊

ユニタリアニズムに関連する運動が、二つあります。

ひとつは、トランセンデンタリズム。神の造った自然も、人間も、すばらしい存在で、神性をそなえている、という考え方です。自然を讃美する数々の詩をつくった詩人で哲学者のラルフ・エマソンがそのリーダーです。エマソンは、ユニタリアンの牧師でした。しばらく前に流行《はや》った「千の風になって」も、この考え方にそっています。

もうひとつは、プラグマティズム。ハーバード大学に、カント哲学を勉強する「形而上クラブ」というサークルができました。キリスト教のさまざまな教会の考えの違いを乗り越えて、アメリカ社会を築くにはどうしたらいいか。それには、主張が正しいかどうかはカッコに入れて、主張がみんなの役に立つかどうかをまず気にするべきだ。教会の分裂と対立を乗り越えて、社会に役立つのが哲学の役割だという、アメリカ流の哲学です。

このように、ユニタリアンは、アメリカのリベラルな教会として、重要なのです。

30 モルモン教は、キリスト教ですか

Q モルモン教は、キリスト教なのですか
なぜ、二人一組で行動しますか
コーヒーやコーラを飲まないのですか

モルモン教は正式名を、末日聖徒イエス・キリスト教会（The Church of Jesus Christ of Latter-day Saints）といいます。名前をみるとキリスト教会ですが、アメリカではキリスト

教と認められていません。「キリスト教系新興宗教」です。

アメリカには、エホバの証人やクリスチャン・サイエンスのような、キリスト教系新興宗教がいくつもあります。

＊

モルモン教ができたのは、二〇〇年ほど前です。

ニューヨーク州の田舎に、ジョセフ・スミスという青年がいました。父親は貧しい農民で、ジョセフはごくふつうの若者です。ある日、天使が現れ、言われるままに裏山を掘ってみると、古代文字を書いた黄金の板（モルモンの書）がみつかります。アメリカ大陸には失われたモルモン文明があり、その記録です。復活したイエスが現れて多くの言葉を伝えたので、モルモンの書には、イエス・キリストの言葉も含まれています。

ジョセフ・スミスは、黄金の板を自宅に持って帰り、妻や友人といっしょに英語に翻訳しました。翻訳が完成すると、天使が黄金の板を取りにきて、持ち去ってしまいました。だからいま、モルモンの書の原本はありません。

こうして、モルモン教が始まります。モルモン教は、旧約聖書、新約聖書に加えてもう一冊、モルモンの書の、三冊の聖書をもっています。

＊

聖書が三冊もあるうえ、当初のモルモン教徒は古代の伝統に従うのだと、一夫多妻制を採用していた。ふつうのキリスト教徒には理解できない。迫害されて、追い払われた。ジョセフ・スミスは、留置所にいれられていて、暴漢に射殺されてしまいます。

後を継いだのが、二代目のリーダー、ブリガム・ヤングです。信徒たちは、西部の荒れ地（いまのユタ州）にたどり着きます。この地を約束の地に見立てて、ソルトレーク・シティと名づけました。いまでもこの都市の住民の半数は、モルモン教徒です。

モルモン教のリーダーは代々、預言者で、神と連絡がとれると考えられています。ふつうのキリスト教は、現代に預言者がいると認めませんが、モルモン教は、預言者に導かれていると信じています。

モルモン教には根強い差別が続いた時代がありました。ブリガム・ヤング大学は、モルモン教の大学ですが、学生スポーツで対戦相手をみつけるのに苦労したといいます。

＊

礼拝を見学に行きました。

牧師はいません。建物の内部は、クエーカーと少し似ていて、飾りが少なくすっきりしています。信徒が自主的に運営します。パンと（ぶどう酒でなく）水で、聖餐式を行ないます。

みなパリッとしたワイシャツに刈り上げのヘアスタイルで、五〇年代のアメリカのようです。一夫多妻制はとっくにやめになり、家族を大事にし、若者は二年間、二人一組で、宣教の奉仕に世界に送られます。アルコールはもちろん、コーヒーや紅茶も飲みません。

勤勉に働く人びとが多いので、信徒の所得の平均はかなり高くなっています。共和党の大統領候補だったミット・ロムニー上院議員は、モルモン教徒なので有名です。

*

モルモン教が家族を大事にするのは、復活しても夫婦は夫婦と考えるからです。

ふつうのキリスト教は、「死が二人を分かつまで」夫婦であることを誓います。つまり死ねば、夫婦の契約は解消されます。復活すると男女はなくなり、夫婦同士でもない。元夫・元妻として、ほかの友人たちと混ざって過ごすのが、神の国ということになっています。

これに対して、モルモン教は、この人生でも夫婦なら、復活してからも夫婦。結婚を決めるのは、二倍に慎重でなければなりません。そして子どもを、立派なモルモン教徒に育てるように、両親は心を砕きます。

＊

ソルトレーク・シティのテンプルを見学しました。

地下に、死後洗礼を授ける施設があるそうで、模型が置いてありました。

洗礼はキリスト教では、生きているうちに授けるもので、死後洗礼は聞いたことがありません。

ここから先は、私の想像です。子ども夫婦がモルモン教に改宗したが、年老いた親は、ほかの宗派のままだった。残念だ。最期を看取ったあと、遺骸をテンプルに運んできて、モルモン教の洗礼を授ける。そうすると、復活したとき、親子が同じ信徒として、平和に暮らせる、のではないでしょうか。ふつうのキリスト教とモルモン教とのあいだに、溝があったことをうかがわせます。

＊

現在、モルモン教の信徒はおよそ六〇〇万人。アメリカでは比較的、規模の大きな教会です。

【説教9】早く離婚させてよ

これは、夫婦で牧師をつとめる中国系アメリカ人の教会での、奥さんの説教です。彼女はとてもハキハキして、聴衆の笑いをとり、人気があります。

私たちは、結婚してしばらくして、あー失敗だったと思ったわけ。理由はいろいろだけど、このまま夫婦はやっていられない。離婚しなくちゃ。でもアメリカの法律は、勝手がわからないでしょ。弁護士を頼むと、きっと目の玉の飛び出るような代金を請求される。私たちにはお金なんかない。そんなときに、教会の掲示板が目にとまったわけ。「法律相談、ビザ、移民手続き、よろず相談に応じます。無料。」この、無料というところが大事よね。そこで夫をせっついて、さっそく教会に乗り込んだわけ。

牧師さんが出てきてね、話を聞いてくれた。はいはい、なるほどなるほど。それは、離婚もやむをえないという気になりますね。でも、離婚する前に、結婚とはどういうものか、勉強しなければならない。それにはまず、聖書を読みましょう。

さっさと離婚させなさいよ、と思ったわよ。でも、タダで離婚できるんだから、ちょっとは我慢しなくちゃ。そこで、牧師さんと聖書の勉強が始まったわけ。

私も夫も、それまでキリスト教のことなんか、これっぽっちも知らないんだから。ちんぷんかんぷん。そこで、初歩的な質問をいろいろすると、牧師さんは親切に教えてくれる。今日は離婚の話も進めなきゃあ、と思っているうちに、気がついたら、聖書の勉強も面白くなってきた。まあ、騙されたわけね。そのうち、離婚のことなんかだんだんどうでもよくなって、気がつけば、二人ともキリスト教徒よ。

で、私はなんでも徹底しないと気がすまないから、神学校に行こうと思った。あなたも行きなさい。さもないと離婚よ。それで二人とも牧師になって、一緒に教会をやっています。まあ、何がきっかけになるか。これも神さまのはからいなのよね。

自分のことを笑い飛ばしてしまうエネルギー。そして、信仰もじわじわ伝わってくる。これもまた、牧師さんの才能のひとつです。

31　ユダは、悪いひとだったのですか

Q　イスカリオテのユダは、ほんとうに悪いひとだったのですか　それならなぜ、十二人の弟子に加えたんですか

ユダは、イエスを裏切って、銀貨三〇枚で当局に売り渡したことになっています。福音書に、そう書いてあります。

それなら、悪いに決まっている。イエスに、お前は生まれないほうがよかった、とまで言われたことになっています。

*

けれども、よく考えると、不思議なことがいくつかあります。

第一。なぜ弟子にしたのか。

ほかの弟子たちが、ガリラヤ湖の漁師だったり、特に教育もない人びとを適当に選んで

いるようにみえるのに対して、イスカリオテのユダは、少し教育がありました。イエスも彼を信頼して、財布を持たせ、現金の管理をまかせています。弟子のなかでは、頼りになった証拠です。

だから最初、ユダは裏切るとは思っておらず、イエスも裏切られるとは思っていなかったのではないか。

第二。最後の晩餐の場面。イエスは、逮捕され処刑されることを覚悟して、弟子たちと晩餐を囲んでいます。そして、お前たちの一人が私を裏切る、と告げます。みなびっくりします。それは私ですか。イエスは落ち着いていて、さあ、ユダ、裏切るなら今だ、とけしかけていると思えるほどです。このとき、少なくともユダは、ほかの弟子たちとは違って、イエスの危ない状況を理解している。イエスと危機感を共有しているのです。

第三。イエスは、やがて捕まることがわかっていて、逃げなかった。そもそもわざわざエルサレムにやってきて、神殿で騒動を起こし、群衆の前で演説しています。危険人物だと宣伝しているようなものです。そうやって犠牲になることが、神がイエスに与えた任務だとすれば、誰かが当局に、イエスはここにいますよ、と告げに行く必要があります。つまり、ユダの裏切りは、神の計画にとって必要だったのではないか。

＊

となると、ユダは、裏切り者であるどころか、全力でイエスの計画の実現を助けている弟子、ということになります。

この観点から書かれたのが、『ユダの福音書』です。初期教会に伝わって失われていたものがみつかり、最近、翻訳が出版されました。イエスはこう言ったことになっています。

ユダ、信頼できるのはお前だけだ、行って、私を当局に売り渡してくれ。

この翻訳が出版されると、バチカンは、信頼できない文書だから気にしないように、と声明を出しました。

ここまで明らかにそそのかしたかどうかは別にして、イエスは、ユダの裏切りの動きを知りながら、そのままにしていたように思われます。

＊

さて、本題に戻って、ユダは、ほんとうに悪いひとだったのかどうか。

結論を言いましょう。人間の誰が悪いか、誰が悪くないか。それを決めるのは神さまである。人間が決めてはいけない。人間には、そんなことを決める権利がない。

あのひとは、嘘をつきました。だから悪いです。あのひとは、私が貸したお金を返しません。だから悪いです。あのひとは、脱税をしました。だから悪いです。あのひとは、主人を裏切りました。だから悪いです。——それはみんな、人間の考え。そもそもそんなふうに、考えてはいけないのである。

「悪い行ない」はある。ルールがある。法律がある。それに違反した。それはよくない行ないだ。ルールや法律をもとに、人間の行ないを「悪い」と判断することはできる。それをしないと、ルールや法律は守れない。日常生活も営むことができない。

けれども、「行ない」を判断することと、「人間」を判断することとは、別である。

＊

ユダが悪い人間かどうか。それを判断できるのは、神さまだけ。人間は、そんなことを考えてはいけない。

人間が考えていいのは、「裏切り」はよくない。そこまでである。「裏切り」は行ないだから。

＊

ただし、場合により状況により、こうした判断は、絶対ではない。

ユダがイエスを裏切った。ほかの弟子たちは、ユダを許さないだろう。なんと悪い奴なんだ。けれども、イエスは、ユダをそんなふうに思っていない可能性がある。自分に与えられた神の計画にとって、ユダの裏切りは必要だったとも言えるのだ。

神は、ユダを悪いと考えるかもしれないし、悪くないと考えるかもしれない。どう考えるかは、人間の想像を超えています。

＊

同様に、神は、太郎を悪いと考えるかもしれないし、考えないかもしれない。花子を悪いと考えるかもしれないし、考えないかもしれない。太郎は、悪くなろうとしてできるものでもないし、悪くなくなろうとしてできるものでもない。

あなたもわたしも、悪いと言えば悪い。神がそう考える理由は十分にあるだろう。悪くないと言えば、悪くない。神がそう考える理由も十分にありそうだ。ユダは、悪いと言えば悪い。悪くないと言えば、悪くない。あなたもわたしも、ユダと少しも違わないのではないでしょうか。

32　なぜ日本では、キリスト教が広まりませんか

Q　なぜ日本では、キリスト教がちっとも広まらないのですか韓国や中国では、もっと広まっていると思うのですが

これは日本の歴史と、そして、日本という社会の成り立ちと、関係がある。

日本にはもともと、神道があった。そして、仏教も入ってきた。神道と仏教は、水と油でギクシャクしたけれど、五〇〇年ぐらいして落ち着いた。ほかに、儒教も入ってきた。中国の政治のやり方です。これらが互いになじんで、日本らしい社会がようやっと出来あがった。

そこに、キリスト教が伝わった。

＊

キリスト教を、日本人は警戒しました。

無理もない。ヨーロッパの国々が、世界をどんどん植民地にしていたからです。そのきっかけが、キリスト教らしいということもわかった。

ヨーロッパの進んだ技術や知識は魅力的。でも、外国の子分にはなりたくない。悩んだすえ、幕府は、外国との行き来を遮断することにしました。オランダは、キリスト教を広めないと約束したので、例外としました。

そうして二〇〇年あまりやっていたら、外国からあまりに遅れてしまった。

＊

明治政府は「文明開化」を合い言葉に、世界に追いつこうとした。全速力で。

問題になったのは、キリスト教です。

世界の列強は、当時、みんなキリスト教の国だった。それ以外で、近代化した国はまだなかった。近代化するには、キリスト教にならないとダメなのか。

日本は、日本のままで、立派な近代国家になるんだ。日本らしさを失わないぞ。――これが、明治の人びとが考えたことです。

それには、キリスト教の代わりになるものが必要だ。

日本には、神道がある。天皇もいる。それを組み合わせて、国家神道をつくろう。英国国教会みたいなものを、あわててこしらえたのです。

*

明治の日本は、キリスト教を恐れていました。

キリスト教が入ってくると、日本の文化も社会もごちゃごちゃになってしまう。日本らしさが失われてしまう。心配のしすぎですが、まあ無理もない。当時の日本は自信がなかったのです。

でも外国の手前、いまさらキリスト教禁止とは言えない。入ってもいいことにしましたが、けっこう意地悪をしました。学校や病院なら建ててもいいけど、キリスト教を布教してはいけませんよ。条件つきです。

*

こうして、ミッション系の学校ができました。女学校が多かった。英語の教育が評判になって、人気がありました。私立学校なので、余裕のある家庭でないと通えません。庶民には手の届かないのがキリスト教、だとみんな思った。

日本の教会に行ってみると、女性が男性よりだいぶ多い。ミッション系の学校の卒業生もいる。夫や子どもは来なくて、一人で教会に来ている年配の女性が目立ちます。

ということは、家には仏壇があったり、お墓はお寺にあったりする。

親の法事では、焼香したり、お経を唱えたりする。家族で初詣にも行く。キリスト教徒らしくしていられません。

日本でキリスト教の出番と言えば、クリスマスと結婚式。そのほかの場所にキリスト教が、宗教です、と顔を出すと警戒される。日本人は、キリスト教のことを詳しく知りたいと、あまり思っていません。

＊

これは、キリスト教に限ったことではない。学校では、そもそも宗教について学ぶチャンスがない。仏教についても、イスラム教についても、やっぱり知らない。職場も、宗教と無関係。一生、宗教と無関係で生きていけて、それで立派な社会人。これが、平均的な日本人の感覚です。

そのわりには、至るところにお寺や神社がある。神棚や仏壇もある。その由来は詳しく詮索しません。これでいいやと思っている。

こんな状態では、いまさらキリスト教が割り込む余地はないのです。

＊

というわけで、日本のキリスト教は、ごく一部の人びとのためのものです。聖書が読めて、英語も少しはできて、ちょっと教養ありそうな人びと。生活に余裕があって、クリスマスにワインで乾杯、してそうな人びと。自分たちには関係ないや、と思われているのです。

西欧世界では、庶民こそがクリスチャン。教養のあるインテリは、むしろキリスト教と距離を置いているのが自慢だったりする。日本とあべこべですね。

＊

韓国では、戦後キリスト教がどんどん広まって、人口の三〇%ほどがクリスチャンです。台湾でも、中国大陸でも、キリスト教は盛んです。アジアだからキリスト教が広まらない、というわけではない。

というわけで、日本でキリスト教がちっとも広まらない理由を、あれこれ考えてもやっぱり不思議です。いくつかヒントをのべましたが、あとは、みなさんへの楽しい宿題にしましょう。

33　聖書はなぜ、世界のベストセラーなのですか

Q　聖書はなぜ、世界でいちばん売れているベストセラーなのですか　厚くて読みにくくないですか

聖書が、ダントツで世界一のベストセラーなのは、間違いありません。

聖書といっても、数え方がむずかしい。旧約聖書と新約聖書があるし、それが一冊になった『聖書』もある。岩波文庫みたいに、旧約聖書や新約聖書をばらばらに出版する場合もある。子ども聖書やマンガ聖書もある。何冊売れた、と数えにくい。

各国の聖書協会から出版される聖書は、毎年六億冊ぐらいになるといいます。それ以外のものを含めると、その倍にはなるでしょう。

これまでに全部で何冊の聖書が売られたか。三千億冊を軽く越えているらしい。ひとりのクリスチャンが、五冊や十冊は聖書をもっているものなので、たぶんこれぐらいでしょ

う。

＊

さて、なぜそんなに聖書が売れるのか。

それは、人びとが、聖書を読むからです。

宗教改革のあと、プロテスタントは、聖書を熱心に読み始めました。だから、家族に一冊、ひとり一冊になります。その昔、本は高かった。でも、がんばって買いました。

聖書があれば、じかに、神さまの言葉に触れることができます。ほかの人間は関係ありません。これが大切だった。信仰は、こうでなければならない。

聖書を読むのは、クリスチャンの義務です。教会では、今週読む聖書の箇所が、決まっていたりします。グループで聖書の勉強をする教会もあります。

＊

聖書は、読んで面白いのか。

慣れてくると、なかなか面白いのです。

まず聖書は、実際にあった話です。歴史です。神に選ばれたイスラエルの民が、どうしたこうしたという、波瀾万丈の歴史が書いてあります。

そこで気がつくこと。人生は楽しいことばかりではない。苦しみや悲しみもあります。神の与える試練です。

人間は正しく行動できるのか。正しく行動なんか、できません。しょっちゅう過ちを犯します。人間は、罪深い存在なのです。でもそんな人間を、神さまは忍耐づよく見守っている。人間の一生は短くて、聖書の登場人物はつぎつぎ死んでしまいます。でもそれを読んでいる自分は、歴史の流れを見通すことができます。聖書を読んでいると、神さまからの視点で、人間を眺めることができるような気がしてきます。

＊

聖書（とくに、旧約聖書）には、人間がこの世で犯すであろう、あらゆる過ちがてんこ盛りで描かれています。争い、裏切り、不倫、妬み、復讐、怨念、虚栄、無知、暗愚、貪欲、不誠実、臆病、絶望、…。人間の弱さ、醜さ、汚さが、包み隠さず書かれています。聖書を読むと、ツベルクリンかＢＣＧのように、現実の世界にどんな害悪が広まっているか、心の準備と免疫ができるのです。

そして、下手な小説や映画より、よっぽど楽しめます。なんせ、それらの種本なのですから。

昔は本も情報も限られていたので、人びとは家で聖書を読むのが楽しみでした。聖書と共に生き、聖書の世界を生きているように思ったのです。分厚くても読んでいくと、自分にぴったりの箇所に出会うことができます。

＊

聖書は、繰り返して読むものです。

繰り返して読むと、はじめは気がつかなかったつながりが、あちこちに見つかります。イエスの言葉には、旧約聖書からの引用がたくさんあります。新約聖書は、旧約聖書を踏まえないと理解できないのです。旧約聖書のさまざまな書物や預言者の言葉も、互いを踏まえています。こうしたつながりがわかってくると、聖書を通してものごとをもう一段深く考えることができます。

＊

さて、聖書は翻訳です。

ルターのドイツ語訳。英語の欽定訳（ＫＪＶ）。日本語も、何種類も翻訳があります。翻訳してもやっぱり聖書。これが、キリスト教の約束です。

でも翻訳は、少しずつ訳文が違います。人間がすることなので、人間の考えが混じります。ほかの訳ではどうなっているのだろう、と気になります。一人で何冊もの聖書を、手元に置いておきたくなります。そこで聖書は、ますます何冊も売れることになります。

＊

日本の多くの教会では、ついこの間まで、日本聖書協会の「新共同訳」というのを使っていました。プロテスタント教会とカトリック教会が、共同で訳したものです。

でも数年前、日本聖書協会の「協会共同訳」というのが、新しく出ました。これも共同訳です。いまから聖書を買う場合は、これがお薦めです。ケチケチしないで、旧約聖書と新約聖書が合本になったものを買いましょう。

そして、ゴルフが雨で流れたり、家事が一段落したりした合間に、聖書をひもといて、読んでみる。クリスチャンでなくても、教会に行ってなくても、これがおとなのたしなみです。

＊

いきなり本物の聖書はとっつきにくいなあ、と思うひとは、入門書もいろいろ出ていますから、それを読むのがよろしい。ちなみに、私もいろいろ書いているので、どうぞよろしく。

あとがき

ロシアがウクライナに攻め込んだ。

戦争だ。

ロシアは核兵器をちらつかせている。NATOが下手に加勢すれば、第三次世界大戦になる。黙ってみているしかない。

ウクライナは勇敢に抵抗し、ロシア軍は足踏みしている。でも、ロシアは兵力も装備も圧倒的。戦争のゆくえは予断を許さない。そして、もっと多くの人びとが犠牲となりそうだ。

*

この戦争の根本は、ロシアは何なのか、ウクライナは何なのか。そして、ヨーロッパとは何なのか、の問題だ。

ウクライナもロシアも、ギリシャ正教の国である。

キエフ大公国が、一〇世紀の末ごろ、キリスト教（ギリシャ正教）に改宗した。そのあとしばらくして、モンゴルに滅ぼされた。

モスクワ大公国は、モスクワを拠点にした。キエフの主教座もモスクワに移った。やがてロシア帝国になった。

ギリシャ正教は、教会と政府（皇帝）が二人三脚の体制である。政教分離していない。カトリックと正反対だ。誰かが教会に反対すると、粛清されてしまう。だから宗教改革は起こらない。

もうひとつ、総主教座が民族ごとに、どんどん分かれていくのも特徴だ。分かれた教会は、民族言語で礼拝を行なう。だから、土着化していく。

*

ウクライナの正教会は、ふたつある。ロシア語で礼拝を行なうモスクワ総主教の系統の教会と、ウクライナ語で礼拝を行なうキエフ総主教の系統の教会。前者は東部や中部、後者は西部に多い。後者は、モスクワと絶縁した。プーチンは、それを苦々しく思っているという。

ウクライナの一帯は昔、しばらくポーランドの勢力範囲だった。ポーランドはカトリックだ。議会もあったし、西欧風だ。いまでもウクライナには、カトリックの教会がある。

だからウクライナは、ロシアと違って、この時期の影響が残っている。

＊

二〇年ほど前、ウクライナを訪れ、キエフに数日滞在したことがある。

ウクライナの人びとは、自分たちはロシアじゃないんです、と言っていた。

ウクライナはソ連時代、核兵器がたくさんあった。ソ連が解体したので、全部ロシアに引き渡した。代わりにアメリカが、ウクライナを守る約束だった。でも攻め込まれてしまった。

＊

ロシア人（少なくともプーチン）は、ウクライナはロシアの一部だ、と思っていたりする。

ウクライナ／ロシア、の分裂線は、キエフ総主教／モスクワ総主教、の分裂線。あるいは、カトリック（西方教会）／オーソドックス（東方教会）の分裂線も重なっている。キリスト教についてちょっとでも知っていると、この戦争の背景がいろいろ思い当たるだろう。本書がそういう、「大人の常識」の足しになるならさいわいだ。

＊

「キリスト教のおバカ質問」のアイデアは、だいぶ前からあたためていた。妻の張静華とあれこれ話しているうちに、だんだんアイデアが固まった。この質問も追加しなさい。

ヒントをいろいろもらった。感謝している。

　原稿をまとめたのは、二〇二一年八月の後半。こういう原稿があるんですけど、と文藝春秋の石橋俊澄さんに相談した。運よく、文春新書の一冊として出していただけることになった。石橋さんや編集部のみなさん、校閲のみなさんにテキパキ仕事をしていただき、大変お世話になった。お礼を言いたい。また、お名前を記さないが、おおぜいの牧師さんや信徒のみなさんに感謝している。

　本書は、楽しい本である。なにより、書いている私が楽しかった。読者のみなさんにも楽しんでいただけると嬉しい。

二〇二二年三月　　著者識

橋爪大三郎（はしづめ だいさぶろう）
1948年生まれ。社会学者。東京大学大学院社会学研究科博士課程単位取得退学。大学院大学至善館教授、東京工業大学名誉教授。著書に『はじめての構造主義』『はじめての言語ゲーム』（ともに講談社現代新書）、社会学者・大澤真幸氏との共著に『ふしぎなキリスト教』（講談社現代新書、新書大賞2012を受賞）などがある。

文春新書

1353

いまさら聞《き》けないキリスト教《きよう》のおバカ質問《しつもん》

2022年 4 月20日　第 1 刷発行

著　者　橋　爪　大三郎
発行者　大　松　芳　男
発行所　株式会社　文　藝　春　秋

〒102-8008　東京都千代田区紀尾井町3-23
電話（03）3265-1211（代表）

印刷所　大日本印刷
製本所　加藤製本

定価はカバーに表示してあります。
万一、落丁・乱丁の場合は小社製作部宛お送り下さい。
送料小社負担でお取替え致します。

ISBN978-4-16-661353-3